“十三五”高等职业院校经济与贸易类融岗式示范教材

外贸跟单实务

主　编　王晓燕　宫姝琳

中国财富出版社

图书在版编目（CIP）数据

外贸跟单实务 / 王晓燕，宫姝琳主编．—北京：中国财富出版社，2017.6

（“十三五”高等职业院校经济与贸易类融岗式示范教材）

ISBN 978－7－5047－6500－0

Ⅰ.①外…　Ⅱ.①王…②宫…　Ⅲ.①对外贸易—市场营销学—高等职业教育—教材
Ⅳ.①F740.4

中国版本图书馆 CIP 数据核字（2017）第 133479 号

策划编辑	寇俊玲	**责任编辑**	赵　翠　栗　源		
责任印制	梁　凡	**责任校对**	孙丽丽	**责任发行**	王新业

出版发行	中国财富出版社		
社　　址	北京市丰台区南四环西路 188 号 5 区 20 楼	**邮政编码**	100070
电　　话	010－52227588 转 2048/2028（发行部）		010－52227588 转 321（总编室）
	010－68589540（读者服务部）		010－52227588 转 305（质检部）
网　　址	http://www.cfpress.com.cn		
经　　销	新华书店		
印　　刷	北京京都六环印刷厂		
书　　号	ISBN 978－7－5047－6500－0/F·2768		
开　　本	787mm×1092mm　1/16	**版　　次**	2018 年 4 月第 1 版
印　　张	10	**印　　次**	2018 年 4 月第 1 次印刷
字　　数	207 千字	**定　　价**	26.00 元

前　言

本教材按照“理实一体化混合式”教学模式进行整体设计，实现“四个融合”：理论教学和实践教学有机融合，课堂教学与资源库利用有机融合，纸质教材与数字化教学资源有机融合，自主学习与教学资源有机融合。打破传统教材建设模式，具有创新性。

（1）内容新颖，体系完整。本教材以外贸跟单活动为主线，采用模块化、任务驱动教学方法编排体例，内容包括六个模块（外贸跟单认知、选厂与验厂、审单与下单、生产跟进与协调、包装与托运、进口跟单）。

（2）结构新颖，知识学习和技能训练及素质培养一体化。每个任务以［任务导入］提出任务，引起学生兴趣，之后引入相关知识介绍。另外，每个模块后设有巩固提升训练，帮助学生巩固练习。案例实例丰富，配以大量的实训和实操内容，注重培养学生的实际操作和应用能力。

本书可作为高等职业院校国际贸易实务、报关与国际货运、跨境电商、国际商务等专业学生教材，也可作为企事业单位经济管理人员的参考用书，还适合广大社会人士自学使用。

本教材由王晓燕、宫姝琳担任主编。具体分工如下：王晓燕（辽宁经济职业技术学院）编写模块一、二、三、四，宫姝琳（沈阳航空航天大学）编写模块五、六。

本书的编写参考借鉴了国内外学者的许多专著和教材，在此深表感谢。同时，本书的编写得到了中国财富出版社以及编者所在单位的支持，在此一并表示感谢。

由于编者水平有限，书中疏漏之处在所难免，欢迎广大读者批评、指正。

编　者

2017 年 1 月

Contents 目　录

模块一　认识跟单

学习目标

知识目标：

通过本模块的学习，熟悉外贸跟单的定义及类型，跟单员的工作界定，工作定位，工作特点，跟单员的素质，工作内容及知识，技能要求及跟单员工作的重要性。

技能目标：

能够准确界定跟单员工作，能够分清生产企业跟单与外贸企业跟单的区别，能够从心理和知识层面做好跟单员准备。

任务一　认识外贸跟单

任务导入

某高等职业院校应届毕业生李晓华，在校学习国贸专业，取得计算机二级等级证书和英语四级证书，性格较内向，不太善于和别人沟通交流。她特别喜欢从事外贸工作，实习期间她曾经做了些相关工作，毕业后她想到企业应聘做跟单员，但她不清楚到生产企业去应聘还是到外贸公司去应聘。请大家帮她出出主意。

相关知识

一、外贸跟单的概念

外贸跟单是在外贸企业内部，因专业分工趋于细化而产生的一种岗位，即跟进贸易业务的展开过程，其基本职责是围绕业务订单，将国外的订单按质、按量、按时地交到国外采购商手中。它是外贸公司企业内部各部门之间及企业与客户之间相互联系的中心枢纽和桥梁，是一个企业的窗口和门户。

二、外贸跟单的类型

1. 出口外贸跟单和进口外贸跟单

根据货物的流向，外贸跟单可分为出口外贸跟单和进口外贸跟单。

①出口外贸跟单。出口外贸跟单是由出口商对出口贸易合同的履行进行部分或全部跟踪或操作。

②进口外贸跟单。进口外贸跟单是由进口商对进口贸易合同的履行进行部分或全部跟踪或操作。

2. 前程跟单、中程跟单和全程跟单

根据外贸跟单业务的进程，外贸跟单可分为前程跟单、中程跟单和全程跟单。

①前程跟单。前程跟单是指“跟”到出口货物的出口仓库为止。

②中程跟单。中程跟单是指“跟”到装船清关为止。

③全程跟单。全程跟单是指“跟”到货款到账、合同履行完毕为止。

3. 外贸型企业跟单和生产型企业跟单

根据外贸跟单的企业性质，外贸跟单可分为外贸型企业跟单和生产型企业跟单。

①外贸型企业跟单。外贸型企业跟单是指外贸企业根据贸易合同的货物品质、包装和交货时间的规定，选择生产企业，进行原料、品质、包装和生产进度的跟单，并按时、按质完成交货义务。

②生产型企业跟单。生产型企业跟单是指拥有外贸经营权的生产企业根据贸易合同规定的货物品质、包装和交货时间等有关条款进行原料、品质、包装和生产进度跟单，并按时、按质完成交货义务。

生产型企业跟单和外贸型企业跟单既有共同点又有不同点。

二者的共同点主要有以下方面。

①从跟单目标角度看，都是以外贸订单为中心，进行生产进度、产品质量和数量的跟踪，以保证订单项下的货物能够按时、按质、按量抵达合同或信用证要求的地方。

②从跟单人员的知识构成角度看，不仅需要外贸知识、海关知识、商检知识、运输知识、保险知识、商品知识及外语和语言沟通能力，还需要具备使用计算机应用软件的能力（如 Word、Excel 等）。

③从跟单范围角度看，都涉及前程跟单、中程跟单和全程跟单。

④从跟单的要领角度看，一名合格的跟单员要具备某项商品的专业知识、精通该

商品的生产操作要领、能够分析和解决生产过程中出现的问题、协调各方（部门）的利益、妥善处理商品的质量问题、满足工艺质量和客户的要求。

二者的不同之处主要有以下方面。

①所处企业不同。外贸企业跟单员所涉及业务的产品品种、结算方式等比生产企业跟单员相对多些，接触的企业面比生产企业跟单员相对广，跟单的主要内容与生产企业跟单员相比有一定的差异。

②跟单工作的侧重点不同。生产企业跟单员的跟单工作大部分侧重于以生产跟单为主，即以生产过程的商品质量和数量的跟踪为主，这就要求生产企业跟单员要熟悉生产运作，对产品知识、工艺质量有一定认识，懂得管理知识，此外，还要有一定的外语沟通能力以及计算机应用软件操作能力。由于生产企业从事外贸活动的能力不及专业的外贸公司，往往跟单员要从事几个岗位的工作，因此对跟单员的要求是能够胜任全程跟单的工作。

就我国进出口贸易的实际情况而言，无论生产企业的跟单员，还是外贸公司的跟单员，不同的企业都存在一定的工作差异，有时分工是模糊的，但目标是明确的。

任务二 认识跟单员

任务导入

李晓华选择了到外贸企业应聘，但性格内向，不善于沟通的她一心想做跟单员。李晓华若想做好跟单员，还要从哪些方面提高呢？请继续帮她出主意。

相关知识

一、外贸跟单员

1. 外贸跟单员的含义

外贸跟单员是指在进出口业务中，在贸易合同签订后，依据相关合同和相关单证对货物生产加工、装运、保险、报检、报关、结汇等部分或全部环节进行跟踪或操作，协助履行贸易合同的外贸从业人员。简言之，跟单员是指在企业运作过程中，以客户订单为依据，跟踪产品，跟踪服务运作流向的专职人员（不能兼职替代）。所有围绕着订单去工作，对出货交期负责的人，都是跟单员，用英文 Documentary Handler/Quality Controler 表示。跟单中的“跟”是指跟进、跟随，跟单中的“单”是指合同项下的订单。而外贸跟单中的“单”则是指企业中涉外合同或信用证项下的订单。对于业务员来说，外贸跟单员是协助他们开拓国际市场、推销产品、协调生产和完成交货的业务助理。

2. 跟单员工作界定

（1）业务跟单，即对客户进行跟进，尤其是已对本公司的产品有了兴趣，有购买意向的人进行跟进，以缔结业务，签订合同为目标的一系列活动。这类跟单员对外叫业务员或业务助理。

（2）生产跟单，即对已接来的订单进行生产安排，对生产进度进行跟踪，按期将货物送到客户手中。对内叫业务经理或生产主管或总经理助理。

不管是外贸企业的跟单员，还是工厂企业里的跟单员，他们的基本职责都是由“业务跟单”和“生产跟单”两部分构成。

3. 跟单员的工作定位（工作性质）

（1）跟单员是业务员。他们的工作不仅仅是被动地接收订单，而且要主动地进行业务开拓，对准客户实施推销跟进，以达成订单为目标。

因此，跟单员要做好以下工作：

①寻找客户：通过各种途径寻找新客户，跟踪老客户。

②设定目标客户：主要客户和待开发的客户。这是工作的着重点。

③传播信息：将企业产品的信息传播出去。

④推销产品：主动与客户接洽，展示产品，以获取订单为目的。

⑤提供服务：产品的售后服务及对客户的服务。

⑥收集信息：收集市场信息，进行市场考察。

⑦分配产品：产品短缺时先分配给主要客户。

（2）跟单员是业务助理。跟单员在许多时候扮演着业务经理助理的角色，他们协助业务经理接待、管理、跟进客户，因此跟单员也要做好以下工作。

①函电的回复。

②计算报价单。

③验签订单。

④填对账表。

⑤目录、样品的寄送与登记。

⑥客户档案的管理。

⑦客户来访接待。

⑧主管交办事项的处理。

⑨与相关部门的业务联系。

（3）跟单员是协调员。跟单员对客户所订产品的交货进行跟踪，即进行生产跟踪。

跟踪的要点是生产进度、货物报关、装运等。因此，在小企业中，跟单员身兼数职，既是内勤员，又是生产计划员、物控员，还可能是采购员。在大企业，跟单员则代表企业的业务部门向生产制造部门催单要货，跟踪出货。

4. 外贸跟单员与其他外贸工作岗位的关系

进出口贸易业务要经过贸易合同的签订，办理货物运输、货运保险、出入境商品检验、进出口货物报关和制单结汇等业务，其中从业的岗位主要有外销员、跟单员、单证员、报检员和报关员。这些岗位在外贸业务的进程中有着一定的关联性，从工作内容的重点来看，有着明显的差异。外贸跟单员与其他外贸工作岗位的关系如图 1－1 所示。

二、外贸跟单员的基本素质要求

外贸跟单员工作涉及面广，业务环节多，专业性、综合性强，知识面要求广，对其素质有一定基本要求。一名合格的外贸跟单员必须具备以下素质。

1. 职业道德要求

作为一名外贸跟单员，必须遵守这一行业岗位的职业道德要求。

（1）充分认识跟单工作的重要性，热爱祖国，以高度的工作责任心自觉维护国家和企业利益，尊重相关单位和部门的合法利益，维护外贸产品的声誉和企业的形象，确保进出口贸易业务程序的完整执行，按时、按质、按量交货履约，安全收汇。

（2）遵纪守法，廉洁奉公，不行贿、索贿、受贿，珍视国格、人格。

（3）要有优良的服务意识和合作意识，要从全局出发，正确协调和处理好公司与外贸业务相关单位和部门的关系，相互合作、相互支持，共同提高工作质量和工作效率。

（4）要在工作中不断学习，勇于实践，与时俱进。

2. 专业知识要求

作为一名跟单员，必须具备一定的专业知识，它是外贸跟单员知识结构的核心，也是区别于其他专业领域人才知识结构的主要标志。

（1）熟悉我国对外贸易工作的有关方针、政策和法律、法规及相关的国别、地区政策，了解世界贸易组织、世界区域经济的条例和规定。

（2）熟练掌握外贸业务知识，包括外贸合同各项条款所涉及的外贸专业知识以及国际惯例，熟悉商检报关、货物运输、保险等方面的有关业务程序。

（3）懂得商品学基本理论，熟悉主管商品的性能、品质、规格、标准、包装、用途、生产工艺和所用原材料等知识。

（4）商品销往国的政治、经济、文化、习俗及该国的有关法令、法规等。

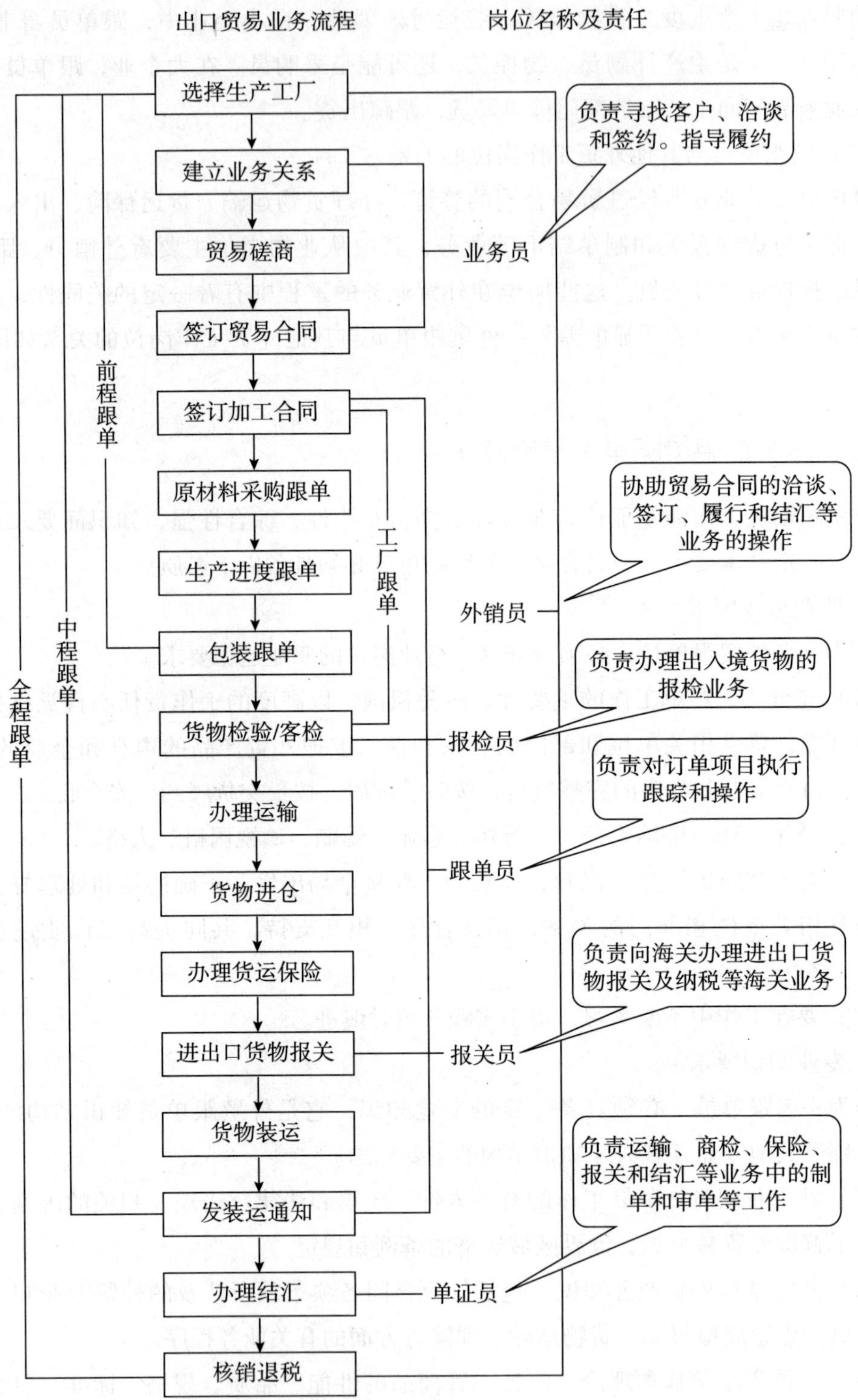

图1-1 外贸跟单员与其他外贸工作岗位的关系

（5）掌握一定的经济地理、国际货运、经济法和国际商法等方面的经济和法律知识。

3. 工作能力素质要求

作为一名合格的外贸跟单员，尚需具备以下工作能力。

（1）综合业务能力。熟悉进出口业务的各个环节和交易程序，能协助外贸业务员进行审证、改证，并进行业务查询，协助制订产品推销方案和经营方案，有统计、财务方面的计算分析能力，迅速进行价格汇率换算、成本核算，并具有处理异议、索赔、理赔等业务能力。

（2）营销能力。能够利用各种方法宣传本公司的商品，扩大影响，善于掌握客户的心理，主动寻求贸易机会，随机应变，灵活推销。

（3）预测能力。能站在公司整体层面上思考问题，预测出客户的需求、企业的生产能力及物料的供应情况，以便于接单、生产及交货的安排。

（4）沟通和工作协作能力。善于同与业务有关的国内外客户进行沟通和交流，与之建立起良好的双边和多边关系，能灵活运用各种正当的交际方法和手段，广交朋友。能处理好与上级、同事以及有关人员的关系，更好地完成工作任务。

（5）管理能力。外贸跟单员既是跟进订单的专职人员，也是业务员、经理或企业负责人的助手。因此，外贸跟单员应具备一定的管理素质和能力，即具备良好的合作精神，一定的组织、协调、决策能力，能够用新的外贸跟单管理理念来提高跟单管理水平。

三、外贸跟单员的知识构成

1. 外贸跟单员的基本知识

外贸跟单员的基本知识是外贸跟单员开展工作的基础。一个合格的外贸跟单员不仅要了解对外贸易的理论知识，而且还要熟知外贸跟单的基本知识，以便做好外贸跟单工作。外贸跟单的基本知识包括以下内容。

（1）国际贸易的基本理论知识。了解对外贸易的类型、方式、流程、术语与惯例，以便在实际外贸业务中能够正确运用，从而维护企业和国家利益。

（2）外汇与汇率知识。了解外汇与汇率的基础知识及它们的关系，了解我国的外汇管理制度及相关规定，掌握防范外汇风险的一般方法，以便在外贸业务中加以运用，减少风险，增强外贸企业的经济效益。

（3）商务法律知识。了解合同法、票据法、经济法、外贸法等有关国际商务法律法规和国际惯例的专业知识，做到知法、懂法和用法。同时了解我国对外贸易的方针政策和贸易伙伴国家的有关贸易法规。

（4）计算机、电子商务知识。能够利用计算机和网络收发信息，掌握计算机常用软件的使用方法，正确处理文档和图表。熟悉运用电子商务实现消费者的网上购物、客户之间的网上交易和在线电子支付的一种新型商业运营模式。

（5）运输与保险知识。对外贸易采用的运输方式主要有海洋运输、铁路运输、航空运输及集装箱运输等。外贸跟单员应掌握这些运输的业务知识，以便办理运输业务，确保跟对货物运输，使货物及时、准确地交付给客户。

货物在运输过程中，可能会遇到意想不到的风险而遭受损失，为了转嫁货物在运输过程中的风险损失，就需要办理货物运输保险。外贸跟单员应熟悉办理国际货物运输保险的业务环节及确定保险条款和正确处理有关进出口货物运输保险事宜。

（6）商检与报关知识。货物的检验是指对交付的合同货物进行质量、数量和包装等鉴定。外贸跟单员应掌握货物检验的内容、法律法规、申报检验的程序、质量认证和质量许可制度等知识，以便顺利执行每项国际货物的买卖合同，安全快捷地完成货物交接和货款收付。

货物的通关是指货物在进出口环节缴纳完进出口税费，并办结了各项海关手续后，进口货物可以在境内自行处置，出口货物可以离开关境后自由流通的过程。报关是指在货物进出口前自行或由其代理人向海关如实申报货物的情况，交验规定的单据文件，请求办理查验放行手续的过程。在货物的通关与报关中，外贸跟单员主要是协助报关员的报关工作。

（7）货款的收付。货款的收付对外贸跟单员来说很重要，它是指进出口货物货款的结算收取。货款的收付一般包括两方面的内容，即支付工具与支付方式。货款的收付工具主要有汇票、本票、支票与现金。货款的支付方式有汇付、托收与信用证等。外贸跟单员应恰当地选择货币种类和灵活运用各种支付方式以保证收汇安全和用汇安全，尽力避免汇率变动风险。

（8）外贸争议的处理与索赔。买卖双方由于种种原因，会因彼此之间的权利和义务等问题产生争议，引发业务纠纷，甚至导致索赔的发生乃至仲裁和诉讼。为了防止争议的发生，以及更好地处理争议，跟单员应在进行交易洽谈磋商时就明确各自的权利和义务，并就一些容易产生争议的条款和事项在合同中做出明确的规定和说明。此外，还有必要在合同中对违约进行补救，如对索赔、罚金和仲裁以及不可抗力等事宜予以详细的说明。

2. 外贸跟单员的工厂生产与管理知识

为了能更好地完成订单的生产任务，保质、保量地把货物送交客户，顺利安全地收回货物，外贸跟单员应该了解和熟悉有关工厂生产和管理方面的知识，主要包括制订生产计划、原材料采购管理、仓库管理、生产管理、品质管理、客户管理等。

3. 外贸跟单员的商品基础知识

外贸跟单员的跟单工作内容之一是控制商品的质量。因此，外贸跟单员除了要有国际贸易知识外，还应该具备相应的商品知识。如明确商品的分类，掌握商品的特性，了解商品的包装材料和回收标志，熟悉国际和我国的标准体系等，只有这样才能更好地推行生产工艺和生产技术，达到客户对质量的要求，完成跟单业务工作。

四、跟单流程

根据货物的流向，外贸跟单可分为出口外贸跟单和进口外贸跟单。

1. 出口外贸跟单

出口外贸跟单是由出口商对出口贸易合同的履行进行部分或全部跟踪或操作。具体会涉及选择生产企业，并测算生产企业的实际生产能力，判断该生产企业是否能完成目标订单的生产任务。确定生产企业后，要深入了解生产企业的生产计划和进度情况，实时进行生产过程质量监控，确保订单产品按时按质完成。生产完成后催促生产企业完成包装并交货，交货后由外贸企业托运货物并办理保险手续，货物出运后，外贸公司要与国外客户保持良好的关系，要进行客户关系管理。具体涉及教材中的如下项目：选厂与验厂、审单与下单、生产计划与进度控制、生产过程质量监控、包装与交货、托运货物与办理保险和客户关系管理。

2. 进口外贸跟单

进口外贸跟单是由进口商对进口贸易合同的履行进行部分或全部跟踪或操作。首先涉及寻找国外供应商，申请进口许可证等进口准备工作；然后申请开立信用证，进口审单与付汇；最后进货后对货物进行检验与索赔。

巩固提升

一、单项选择题

1. 关于跟单员，以下说法错误的是（　　）。

A. 跟单员是专职人员　　B. 跟单员不是专职人员

C. 跟单员是业务助理　　D. A 和 C 正确

2. 交易磋商包括四个主要环节，其中必不可少的两个基本环节是（　　）。

A. 询盘和发盘　　B. 发盘和还盘

C. 还盘和接受　　D. 发盘和接受

3. 外贸跟单的流程是（　　）。

A. 订单与接单、跟踪生产、出货跟踪、售后服务、统计资料

B. 接到客户订单、审单并开出形式发票、客户确认形式发票、工厂备料生产；开信用证、工厂出货报送、交单

C. 选择生产商、签订购销合同、备托货物、查货、商检、租船订舱、货物进仓、报关出口、货款到账

D. 推销产品、签订合同、生产货物、查货、商检、租船订舱、货物进仓、报关出口、货款到账

4. 以下工作内容不属于跟单员工作范围的是（　　）。

A. 设计、开发产品　　B. 协助订单评审

C. 接待客户　　D. 协助洽谈业务

5. 跟单员的工作是一种综合性的工作，但在工作过程中最重要的是（　　）。

A. 接待客户并向客户提供公司最新的产品

B. 采购物料并及时把物料跟踪入库

C. 做好出货事宜，特别是对出货的跟踪、报关等

D. 对货物的质量跟踪和交货期的控制

二、多项选择题

1. 根据外贸跟单业务的进程，外贸跟单可分为（　　）。

A. 前程跟单　　B. 中程跟单　　C. 进出口贸易跟单　　D. 全程跟单

2. 跟单员的知识构成包括（　　）。

A. 外贸基础知识　　B. 工厂生产与管理知识

C. 商品知识　　D. 车间机器的维修与护理

3. 跟单员的基本素质包括（　　）。

A. 职业道德素质　　B. 能力素质　　C. 知识素质　　D. 管理素质

4. 外贸跟单员的工作内容主要有（　　）。

A. 客户的接待与管理工作　　B. 出口货物运输跟单

C. 生产过程跟单　　D. 物料采购跟单

5. 跟单员的工作性质包括（　　）。

A. 跟单员是业务员（具有业务员的素质）

B. 跟单员是协调员，要协调各方面工作

C. 跟单员是业务助理

D. 跟单员是指挥员，指挥各方面工作的开展

三、判断题

1. 行业里一般把跟单区分为生产型跟单和外贸型跟单两种。（　　）

2. 跟单员是企业的特殊代表，是外贸公司与生产企业、外贸公司与客户的桥梁和纽带。 ( )

3. “跟单”中的“跟”是指跟进、跟随，“跟单”中的“单”是指贸易合同项下的订单。 ( )

4. 跟单员可以不了解工作中的很多细节，但必须了解关联的流程。 ( )

5. 跟单员不需要了解工厂生产环节的运作情况。 ( )

四、简答题

1. 外贸跟单员应具备哪些主要能力？
2. 简述外贸跟单员的基本素质。
3. 请写出外贸跟单的基本要求和流程。
4. 外贸跟单员的知识构成主要有哪些？
5. 生产型企业跟单与外贸型企业跟单的区别有哪些？

模块二　选厂与验厂

学习目标

知识目标：

1. 通过本模块的学习，掌握判断企业优劣的基本指标，理解企业财务审计报告；
2. 掌握判定企业生产条件和生产状况的方法，掌握判定生产企业产能的方法。

技能目标：

能够根据相关指标判定企业的优劣，并填写验厂报告。能够对供应商企业的实际生产能力进行测算。

任务一　选择供应商

任务导入

应届毕业生李晓华毕业后，考虑到自己学了三年国际贸易专业，英语能力不断提高，决定到外贸企业应聘。面试后，企业主考官考虑到李晓华专业较对口，专业知识较扎实，但由于性格较内向，暂时做不了外贸跟单员，因此委托外贸跟单员王师傅带李晓华实习一段时间。李晓华实习期间正赶上企业国外加拿大代理公司下了一新订单，本公司所属生产企业和长期合作的生产企业工时紧张，无法安排生产，在这种情况下，王师傅只能带李晓华去寻找其他的生产企业。请问师徒二人应该核实哪些企业注册登记事项，核实哪些企业的经营条件和能力，选择哪家生产企业？

相关知识

一、选择供应商

供应商管理是整个供应链管理的一个重要环节。为本企业提供商品的上游企业叫作供应商。选择合格的供应商，既可以指出口业务中外销合同签订后，跟单员在国内选择合格的生产企业，又可以指选择合格的贸易公司或商业企业，还可以指进口业务中选择合格的国外客户。选择生产企业时，应重点考虑其产能能否满足订单需要。选择贸易公司或商业企业时，应重点考虑其资信情况。

选厂和验厂工作是贸易公司跟单员的核心业务，跟单员在合同签订的前后，要根据实际需要选择供应商。一般在确定经营品种后或在签订合同之前选厂，多以询价、索取样品为内容，以便协助业务员对外进行磋商和签约。与外商签订合同之后，通常要确定生产厂家，并进行实地验厂。

出口业务中跟单员的工作通常从选择合格的供应商开始，当国外客户有意向购买某种货物时，跟单员就要至少选择3~5个同类产品的生产厂家，对他们的产品综合实力进行评估和产能的判定，辅以询价、比价，最后才能决定选择将哪个企业作为供应商。

对于初次选择供应商的情况，首先可以在网上对同一种商品选择几个生产厂家，收集资料，核实企业法人登记注册的主要事项，撰写生产企业资信调查报告，根据调查和订单需要，对比筛选出几家企业资信情况，核实生产企业经营条件，比较企业的产能，选出合格的供应商。

网上查找厂商，可以在一些贸易门户网站上查找，如 http：//www. made - in - china. com，http：//www. cantonfair. org. cn，以及各地的外经贸网站。在网上选择厂家，应遵循以下原则。

①核实法人登记，查看营业执照。

②读财务报告和审计报告，判断其经营风险。

③调查了解和审查其经营条件。

④计算供应商的有效产能。

二、供应商的评价指标

具体评价供应商时要考虑以下指标，如表2-1所示。

表2-1 供应商评价指标

要素	标准
交货时间	按时交货
质量	满足企业的质量体系
价格	等于或低于采购价格
服务	以企业的满意度为标准
柔性	能按企业要求改变和调整供应
信誉	以上标准执行的合格情况

三、核实企业法人登记注册情况

到当地工商注册管理部门查询并核实企业法人的登记注册情况，跟单员要十分重视这项基础工作，掌握被调查企业特别是初次打交道企业的工商注册登记情况，这对于真实了解供应商现状，核定业务规模，降低经营风险是非常必要的。具体审核事项如下。

1. 核实企业法人名称

鉴别名称中的行政区域，所属行业和经营类型。经营类型是生产型企业还是贸易型企业。鉴别名称中的组织形式，一般“集团公司”规模大于“实业公司”，“实业公司”规模大于“有限公司”。“分公司”不是独立法人企业，需要由上一级法人企业授权才能签约。

2. 核实供应商的经营范围

认真了解供应商的经营范围，防止与不熟悉生产产品的企业开展经营活动。核实供应商的注册资本、注册资金；核实经营期限，“许可经营项目”是有经营期限限制的，要核实是否在期限之内；核实营业执照每年的年审情况，查看是否加贴了年检标签。通常企业注册成立的年限越长，积累的经营经验就越多，从而越值得信赖。

3. 核实企业注册地址及经营场所

经工商部门登记注册的公司注册地只能有一个，可以有多个营业地，如果企业注册地址或营业地址与实际地址不同，需要进一步调查原因、辨别真伪。

4. 核实法定代表人、授权委托人

企业重要的经营性文件需要法定代表人签字及加盖公章，不是法定代表人签字的，要由法定代表人的授权委托人签字并加盖公章；法定代表人变更时，要注意变更时前后任法定代表人的有效签字权限及授权委托人签字权限，防止出现各种问题。对业务中首次出现的合作企业法定代表人等有效签字印鉴，需做好复印、留底、备查工作。在之后的业务中，每次业务往来需核对印鉴，避免风险。

5. 核实联系方式

联系方式包括收集长途区号、电话号码、分机号、手机、传真号码、邮政编码、电子信箱和网站地址等。跟单员核实的方法主要有：查找企业在网上披露的所有信息；核实企业联系方式；查询了解企业成立或变更情况。充分利用互联网搜索查询功能，直接输入“企业名称”或“区号加电话号码”或“区号加传真号码”或“企业地址”等信息，分别搜寻网页相关内容，并逐条进行仔细查看，认真寻找疑点。

四、填写验厂报告

跟单员若想正确判断一个企业的真实经营条件和情况，要靠积累丰富的验厂经验，通过实地考察逐渐培养锐利的双眼。这是选择合格供应商的关键，也是落实订单，按时、按质交货的根本保障，也是跟单员最重要的能力。在进行了企业现场观察，对生产经营条件进行考核后，应汇总并填写“验厂报告”，跟单员的验厂报告作为客户关系管理的基本资料需要进行归档管理。

根据任务一中所选定的供应商的具体情况，填写以下验厂报告。

要求：①跟单员验厂的方法和查验核实事项；②多掌握验厂报告项目的英文表述；③能够准确理解各个验厂项目的含义及作用。

跟单员亲自深入被调查企业进行分析判断供应商。验厂应注意的事项：

（1）跟单员主要了解企业生产、经营能力及经营条件。

（2）了解企业全年生产经营情况。工业企业生产经营能力指标包括：①工业总产值，其中包括三部分：本期生产成品价值，对外加工费收入，自制半成品、在制品期末期初的差额价值；②销售产值（当年价格）、销售成品价值、对外加工费收入；③出口交货值；④本年生产量；⑤本年销售量；⑥出口交货量；⑦本年销售额；⑧产品库存量。

（3）核实企业生产经营条件。①核实企业生产设备。各类生产设备数量，生产用工模具、夹具、机架数量、运输装卸工具数量、使用及保养记录等。②核实经营场地。经营场地主要包括总面积、建筑面积、生产厂房面积、仓库面积、其他辅助用房面积等，如表2－2所示。③核实从业人员、生产员工人数。其中半熟练工人有多少，熟练工人有多少，技术工人有多少，并核实学历构成、技术资格证书等情况，了解工人的工资待遇。④核实质量管理情况。有无质量检验部门、有无质检总监、QC人员占全部工人人数比例、有无ISO证书等。⑤核实交通、水电气热供应情况。⑥了解环保、安全情况。生产、排污过程中环保是否符合要求；厂区附近是否有干扰型企业，例如，食品厂附近有无化工厂、农药厂等；有无消防安全制度；消防设施是否齐备有效；疏散通道是否畅通，生产车间发生意外（如起火等）时职工能否安全逃生。⑦了解技术能力情况。⑧了解企业内部经营管理能力。主要查看物料采购单及供应商来料质量、数量、交货历史记录；仓库物料收发货记录、出入账本、物料定期盘点记录及客供物料记录；生产总计划、各工序生产计划、生产日报、生产周报及生产周会记录；可参加产品设计会议，设计评审、设计确认及设计更改记录；查看产品生产流程图、生产指导书、试产后（产前）评审记录及生产绩效记录；来料、过程、最终检验指引及报告，来料、过程、紧急放行及成品仓定期记录；不合格产品记录或检验报告、停产记录及不合格产品处理记录、纠正及预防措施记录等。

表 2 – 2 场地设备登记表

单位： （盖章） 填报日期： 年 月 日

<table>
<tr><td rowspan="4">营业场所及辅助办公用房</td><td>营业用房面积</td><td colspan="2">辅助用房面积</td><td colspan="2">办公用房面积</td><td>备注</td></tr>
<tr><td>车间一</td><td colspan="2"></td><td colspan="2"></td><td></td></tr>
<tr><td>车间二</td><td colspan="2"></td><td colspan="2"></td><td></td></tr>
<tr><td>车间三</td><td colspan="2"></td><td colspan="2"></td><td></td></tr>
<tr><td rowspan="3">产品储存用仓库</td><td colspan="5">仓库面积</td><td>备注</td></tr>
<tr><td>仓库总面积</td><td>冷库面积</td><td>阴凉库面积</td><td>常温库面积</td><td>特殊产品专库面积</td><td rowspan="2"></td></tr>
<tr><td></td><td></td><td></td><td></td><td></td></tr>
<tr><td rowspan="3">质检室</td><td>面积</td><td colspan="4">仪器、设备</td><td>备注</td></tr>
<tr><td></td><td colspan="4"></td><td></td></tr>
<tr><td></td><td colspan="4"></td><td></td></tr>
<tr><td rowspan="5">其他</td><td>分装室面积</td><td colspan="2"></td><td colspan="2">配送中心配货场所面积</td><td></td></tr>
<tr><td rowspan="4">运输用车辆和设备</td><td colspan="4">特殊运输用车辆</td><td>符合特性要求的设备</td></tr>
<tr><td colspan="4">车型： 数量：</td><td></td></tr>
<tr><td colspan="4">车型： 数量：</td><td></td></tr>
<tr><td colspan="4">车型： 数量：</td><td></td></tr>
</table>

任务二　测量企业生产能力

任务导入

应届毕业生李晓华根据任务一的情况，在王师傅的带领下，师徒二人寻找了几家生产企业，并核实了企业注册登记事项和经营条件。现在李晓华需要重点考察生产能力方面的问题，通过对生产能力的测算最后确定选择合适生产企业，请帮李晓华想办法。

相关知识

一、生产能力

（1）生产能力（简称产能，如图 2－1 所示）是指生产设备在一定时间内（通常是每周或每月），所能生产的产品数量。正常产能是过往生产设备的平均使用量。

（2）最大产能（理想产能、满负荷产能），是生产设备所能实现的最大程度产量，即满负荷产量。它是一个理论参考值，作为计划产能的参考。

（3）计划产能是对企业理想产能的修正，它未把相关主客观因素考虑在内，不代表实际的有效产能。

（4）有效产能是以实际计划产能为基础，减去因停机和产品不合格所造成的标准工时损失，是考核生产部门业绩的标准指标。

生产能力通常以工时为单位。

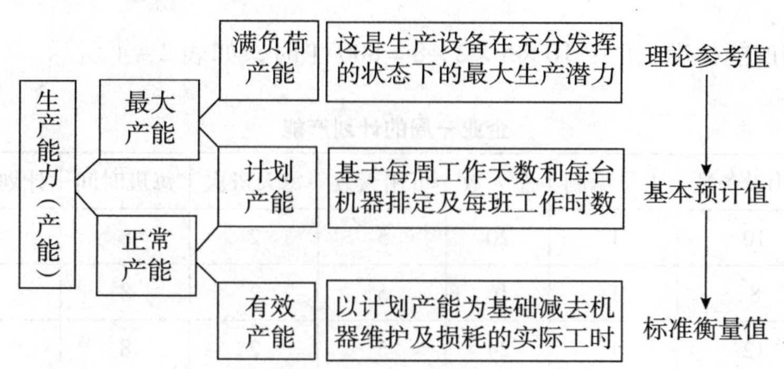

图 2－1 生产能力

供应商企业的生产能力是否充足，能否保证按时、按量、按质地交货，是跟单员在选择供应商时应重点考虑的问题之一。跟单员应学会对企业的生产能力进行测算，如果选择了生产能力不足的供应商，势必会影响交货义务的履行。

【案例 1】

假设供应商企业共有车床 10 台、铣床 8 台、磨床 12 台、刨床 2 台，每台机器配置工人 1 人，总人数分别为 10 人、8 人、12 人、2 人，每周工作 7 天，每天工作 3 班，每班工作 8 小时。工厂一周的生产计划是机床每周计划开动 5 天，每天 2 个班次，每班次员工工作 8 小时。事实上，机床存在设备检修、保养、待料的时间，实际工作时间达不到计划时间，假设工作时间目标百分比为 80%，且生产的产品有不合格品，假设合格率为 95%。

1. 测算企业的实际生产能力，即有效产能是多少？

2. 判断该厂产能能否符合订单要求，如不符合应该怎么办？

案例解决

1. 测算有效产能（以车床为例）

一周理想产能标准工时：10×7×3×8=1680 工时（理论参考值），如表 2-3 所示。

表 2-3　企业一周的理想产能

设备内容	可用设备数	人员编制	总人数	可用天数	每天班次	每班时间	理想产能标准工时
车床	10	1	10	7	3	8	1680
铣床	8	1	8	7	3	8	1344
磨床	12	1	12	7	3	8	2016
刨床	2	1	2	7	3	8	336

一周计划产能标准工时：10×5×2×8=800 工时，如表 2-4 所示。

表 2-4　企业一周的计划产能

设备内容	可用设备数	人员编制	总人数	可用天数	每天班次	每班时间	计划产能标准工时
车床	10	1	20	5	2	8	800
铣床	8	1	16	5	2	8	640
磨床	12	1	24	5	2	8	960
刨床	2	1	4	5	2	8	160

一周机床的有效产能标准工时：800（计划产能）×80%×95%=608 工时，如表 2-5 所示。

表 2-5　企业一周的有效产能

设备内容	计划产能标准工时	工作时间目标百分比（%）	合格率百分比（%）	有效产能标准工时
车床	800	80	95	608
铣床	640	95	90	547.2
磨床	960	85	90	734.4
刨床	160	95	95	144.4

2. 解决企业生产能力不足的对策

当发现企业生产能力不足，不能保证订单按时交货时，为了保证交货期，跟单员需要企业或生产部门采取以下措施：

（1）延长工作时间，由一班制改为两班制、三班制，或延长员工工作时间。

（2）增加机器设备台数，延长开机时间。

（3）增加其他车间生产支持，或将部分生产任务拨给其他车间承担。

（4）调整生产计划，将部分生产向后推。

（5）部分产品进行外包生产。

（6）增加临时用工。

（7）产能长期不足时，应增加人员和机器设备。

二、解读企业财务审计报告

确认企业所提供的财务会计报告是否真实，从而了解企业真实的财务状况和经营状况。有时因本企业规模小或业务涉及金额小等原因，合作企业一般不愿对外提供财务审计报告副本或复印件，跟单员需要坚持查看审计报告，可抄录主要审计报告数据，以便回公司进行整理和向上级汇报。

1. 审计报告的内涵

审计报告是注册会计师对被审计单位年度会计报表发表审计意见的书面文件，具有法定证明力。

2. 审计报告的基本内容

以干净的审计报告为例，介绍一下审计报告的基本内容。干净的审计报告就是注册会计师为企业所写的一份完整的审计报告，是标准的无保留意见的审计报告。其他报告都是在这一报告的基础上发展起来的。

干净的审计报告的内容通常包括两段，即范围段和意见段。第一段为范围段，其中包括已审报表的名称、日期或期间，会计与审计责任，审计的依据，已实施的审计程序；第二段为意见段，是注册会计师通过审计发表的审计意见和对被审计单位财务会计报表的看法，以判定财务报告的合法性、公允性、一贯性。

3. 审计报告的作用

审计报告具有以下三个作用。

（1）鉴证作用。从客观公正的角度，对被审计单位做出评价。

（2）保护作用。随着所有权和经营权的进一步分离，有很多投资者不直接参与企业的经营活动，通过注册会计师进行审计的方式，可以告诉他们这个报表的可信度，因此，审计报告对保护投资者利益具有十分重要的作用。

（3）证明作用。审计报告证明了注册会计师履行职责的情况，明确了企业与注册会计师双方的责任。

4. 财务会计报告

一份完整的财务会计报告由三部分组成：会计报表、会计报表附注和财务情况说明。会计报表有3张主表，分别是资产负债表、利润表和现金流量表。此外，还应注意货币资金、应收账款、事项说明等项目，如贷款担保、产品质量担保等。会计报表附注的基本内容包括公司的基本情况、主要会计政策及变更情况的说明，还包括会计制度、会计年度、短期投资期末计价、坏账准备、固定资产折旧以及存货等内容。

巩固提升

一、单项选择题

1. 企业财务审计报表中，表明企业财务会计报表可信性较高的是（　　）。

A. 无保留意见审计报告　　B. 拒绝表示意见审计报告

C. 否定意见审计报告　　D. 保留意见审计报告

2. 营业执照企业注册地与企业经营办公地不一致的原因不可能是（　　）。

A. 企业近期搬新址，还来不及进行工商变更

B. 有的老企业，在当时注册时就存在住所、办公场所、生产场所分处三地或多地的情况

C. 企业违法经营，有意搬离注册地

D. 企业注册地与企业经营办公地不一致是我国法律允许的行为

3. 关于财务预警功能，以下说法正确的是（　　）。

A. 预知供应商、生产企业财务危机征兆

B. 预防供应商、生产企业的财务危机发生或控制其进一步扩大

C. 避免再次发生选择存在财务危机的供应商、生产企业

D. 以上三项都是

二、多项选择题

1. 关于测算企业的实际生产能力，以下说法正确的是（　　）。

A. 跟单员不需要懂得计算企业的产能

B. 理想产能是假定所有的机器设备完好，工人一天24小时上班，期间没有任何停机时间的理想状态的生产能力

C. 计划产能计算根据企业每周工作天数、排定的班次及每班次员工工作时间来

确定

D. 有效产能是以计划产能为基础，减去因停机和产品不合格率所造成的标准工时损失

2. 跟单员对合作方企业的印章核实工作主要有（　　）。

A. 跟单员对业务中首次出现的合作企业的印鉴印章样，需做好复印、留底、备查工作

B. 合同、订单等印章是否符合用印有效性规定

C. 双方经济合同用印是否合理、完整

D. 核实对方企业公章名称与营业执照企业名称是否一致

三、问题思考

1. 跟单员在验厂的时候要对哪几个方面进行分析？

2. 假如所选定的供应商为 A 工厂，其生产能力为：现有工作设备每工时平均生产 34 件订单要求的女式夹克。员工数可排一天 2 个班次，一周常规的工作时间为 5 天，每天每个班次工作 8 小时，工作时间目标为 90%，产品合格率为 95%，请分析该厂是否能在 6 周内完成订单数量的生产任务？

（1）进行实际产能的测算。

（2）判断企业生产能力是否满足订单要求。

（3）当企业生产能力不足时，跟单员应对供应商企业生产能力不足的对策有哪些？能否提出合理可行的解决措施。

模块三　审单与下单

学习目标

知识目标：

1. 通过本模块的学习，掌握国际贸易合同的主要条款、交货条件、审核要点；
2. 根据外单要求的交货要点，转化国内购销合同的相关条款。

技能目标：

具有综合判断外单交货要点和确定跟单重点的能力。能够根据订单要求与生产企业签订国内购销合同。

任务一　识别外单要求

任务导入

李晓华实习期间正赶上公司接到一个新订单，本公司所属生产企业和长期合作的生产企业工时紧张，无法安排生产，这种情况下，王师傅只能带李晓华去寻找其他的生产企业。师徒二人核实企业注册登记、企业的经营条件和能力后，选择了合适的生产企业，落实生产前要研究透订单，关于订单需要重点研究哪些内容呢？

相关知识

外贸公司的跟单员在协助外销人员与国外客户签订国际货物销售合同之后，开始进行跟单操作。所谓跟单就是跟进外销合同，跟单要点是根据合同的约定，按时、按质、按量交货。在审单和下单环节，外贸公司跟单人员的工作内容与工厂跟单员的工作内容大致相同，但是侧重点又有很大不同，工厂跟单员的工作侧重于审单后下达生产任务书，跟进生产过程，控制交货时间。外贸公司跟单侧重审单向工厂下单，贸易公司跟单员在选厂和验厂之后与工厂签订订购合同，订购合同属于国内购销合同，是外贸公司跟单员将外销合同的交货要求原样转化为内购合同的交货要求直接下给工厂的订单，其中重点和难点是如何科学合理地规定工厂交货的时间、交货的方式，配合质量监测和验收环节的安排，以确保按时妥当地对外交运。

一、对外合同、订单的形式

一般来说，出口跟单工作是从签订外销合同（订单）以后才开始的，但有时跟单员要为外销员提供价格信息和样品，协助签订外销合同。在外销合同或订单签订后，跟单员正式开始前期跟单工作，也就是根据外销合同（订单）的要求选择供应商，与供应商签订国内的购销合同，并跟进生产过程（即跟单），保证按时对外交货。在签订国内购销合同之前，首先要认真审查外销合同，保证领会其各个条款，以便落实跟单。外销合同有下列几种形式。

1. 书面形式

书面形式包括一定格式的合同书或信件以及数据电文（如电报、电传、传真、电子数据交换和电子邮件等），可以有形地表现所载内容的形式。采用书面形式订立的合同，既可以作为合同成立的证据，又可以作为合同履行的依据，也是仲裁诉讼的依据，有时还是合同生效的依据。合同的书面形式并不限于某种特定的格式。任何载明双方当事人名称、标的物的质量、数量、价格、交货和支付等交易条件的书面文件，包括买卖双方为达成交易而交换的信件（各类数据电文），都足以构成书面合同。常见的形式有以下几种。

（1）合同（Contract）。合同是双方通过交易磋商，就某种商品的买卖所达成的对双方都有约束力的法律文件。可分为销售合同（Sales Contract）和购买合同（Purchase Contract），前者是指卖方草拟提出的合同，后者是指买方草拟提出的合同。

（2）确认书（Confirmation）。合同确认书是合同的简化形式，它分为销售确认书（Sales Confirmation）和购买确认书（Purchase Confirmation），前者是卖方出具的确认书，后者是买方出具的确认书。

（3）协议书（Agreement）。协议书也称协定，是合同的另一种形式。合同的形式比较简明，格式也相对固定，而协议书的格式一般比较灵活，包括的内容也较广。

（4）意向书（Letter of Intent）。意向书是双方当事人通过初步洽商，就各自的意愿达成一致而签订的书面文件，是双方进行实质性谈判的依据，是签订协议（合同）的前奏。但需注意的是，意向书不是法律文书，对双方没有约束力。

（5）订单（Order）和委托订购单（Order Qualifier）。订单是指由进口商或实际用户拟制的货物订购单。委托订购单是指代理商或佣金商拟制的代客购买货物的订购单。

2. 口头形式

采用口头形式订立的合同，又称口头合同或对话合同，是指当事人之间通过当面谈判或通过电话方式达成协议而订立的合同。采用口头形式订立合同，能节省时间、方便行事，对促进成交起着重要作用。但是，因为无文字依据，一旦发生争议，往往造成举证困难，不易分清责任，例如，我国法律只承认书面形式的国际货物买卖合同。

3. 其他形式

其他形式主要指以行为方式表示接受而订立的合同。如根据当事人之间长期交往中形成的习惯做法，或是发盘人在发盘中已经表明受盘人无须发出接受通知，可直接以行为表示接受而订立的合同，均属此种形式。

二、合同、订单生效的要件

国际货物买卖双方就各项交易条件达成协议后，并不意味着此项合同一定有效。国际货物买卖合同的有效订立，根据各国法律规定，必须具备以下要件，才是一项有效的合同，才能得到法律的保护。

1. 合同当事人必须具有缔约能力

签订买卖合同的当事人主要为自然人或法人。按各国法律的一般规定，自然人签订合同的行为能力，是指精神正常的成年人才能订立合同，未成年人、精神病人、酗酒者订立合同的效力受到限制。关于法人签订合同的行为能力，各国法律一般认为，法人必须通过代理人，在法人的经营范围内签订合同，即越权的合同不具有法律效力。

2. 合同必须有对价或约因

美国法律认为，对价（Consideration）是指当事人为了取得合同利益所付出的代价。法国法律认为，约因（Cause）是指当事人签订合同所追求的直接目的。按照英美法和法国法的规定，合同只有在有对价或约因时，才是法律上有效的合同，无对价或无约因的合同，是得不到法律保障的。

3. 合同的标的内容必须合法

各国法律对合同的标的内容一般都要求不得违反法律，不得违反公共秩序或公共政策，以及不得违反善良风俗或道德。

根据我国《合同法》第 7 条的规定："当事人订立履行合同应当依照行政法律法规，尊重社会公德，不得扰乱社会经济秩序，损害社会公共利益。"

4. 合同必须符合法律规定的形式

世界上大多数国家，只对少数合同要求必须按法律规定的特定形式订立，而对大多数合同，一般没有从法律上规定应当采取的形式。我国《合同法》第 10 条规定："当事人订立的合同，有书面形式、口头形式和其他形式。"此外，有些国家的法律还要求经济合同必须符合一定的审批手续。按照我国法律规定，对外经济贸易合同必须采用书面形式；凡我国法律法规规定应由国家批准的合同，在获得批准后方能生效。

5. 合同必须是当事人的真实意思表示

各国法律都认为，合同当事人的意思表示必须是真实的，只有这样才能成为一项有约束力的合同，对意思表示不真实（如欺诈、胁迫或重大误解等）情况下订立的合同无效。

三、合同、订单的审查

1. 品名条款的审查

商品的名称又称品名，是对商品的描述（Description），包括成交商品的标准名称及对商品构成的说明和描述。按照国际上有关的法律和惯例，商品的名称是合同中不可缺少的一项条款，是买卖双方交接货物的一项基本依据，它直接关系到买卖双方的权利和义务。若卖方交付的货物不符合约定的品名和说明，买方有权提出损害赔偿的要求，甚至可以拒收货物或撤销合同。由此可见，品名条款在进出口合同中占有很重要的地位。

跟单员在进行品名条款审查时，要注意以下几个问题：品名应使用国际通用的名称；注意同名异物问题；注意异名同物问题；注意商品名称与关税问题；注意商品名称与运费问题；商品名称应具代表性。

2. 质量条款的审查

在国际货物贸易的合同中，商品的质量也称货物的品质，是商品内在素质和外观形态的综合表现，既包括货物的物理性能、机械性能、生物特征及化学成分等自然属性，又包括货物的外形、色泽、款式、味觉和嗅觉等，是构成货物说明的重要组成部分。

跟单员在进行质量条款审查时，要注意以下几个问题。

（1）正确使用表示商品品质的方法。品质条款的内容必然涉及表示品质的方法。究竟采用何种表示品质的方法，应视商品的特性而定。一般来讲，凡能用科学的指标说明其量的商品，则适于凭规格、等级或标准买卖；有些难以规格化和标准化的商品，如工艺品等，则适于凭样品买卖；某些质量好，并具有一定特色的名优产品，适于凭商标或品牌买卖；某些结构、性能复杂的机器、电器和仪表等商品，适于凭说明书和图样或产品目录买卖；具有地方风味和特色的商品，则可凭产地名称买卖。

（2）要合理选择影响品质的质量指标。在品质条款中，凡对品质有影响的一些重要指标，应当在合同中具体列明，不应出现遗漏。对于相对次要的质量指标，则可少列。对于一些与品质无关的条件和说明，不宜列入，以免条款过于烦琐。

（3）应注意进口国的法令规定。世界各国对进口商品的质量都有具体的法令规定，凡质量不符合法令规定的商品，一律不准进口，有的还要就地销毁，并由货主承担由此引起的各种费用，这应当引起我们的重视。

（4）规定品质的条款要注意明确具体、实事求是、科学合理以及具有相应的灵活性。为了便于买卖双方按约定的品质条件交接货物和明确彼此的责任，在订立品质条款时，应当明确具体，避免采用诸如"大约""左右"之类的笼统含糊或模棱两可的规定办法，以免在交货品质问题上引起争议。订立品质指标必须符合实际情况，要符合买卖双方的具体要求和能力，既不能订得过高，也不宜订得过低，以免影响合同的顺利履行。此外，在出口业务中，凡能够用一种方法表示品质的，一般不宜采用两种或两种以上的方法表示，以免受制过多而给交货带来困难。对某些制成品和初级产品，应根据货物特性和实际需要规定品质机动幅度和品质公差，必要时订立品质增减价条款。

3. 数量条款的审查

国际货物贸易中，买卖双方成交的商品都表现为一定的数量。数量条件是国际货物贸易中一项重要的交易条件，因此，买卖双方洽商交易时，要谈妥成交商品的数量条件，并在合同中具体列明进出口商品的数量。

跟单员在进行数量条款审查时，要注意以下几个问题。

（1）数量条款的内容必须明确、具体、完整，除了明确成交数量外，还应当明确计量单位。按重量成交的应说明是按毛重还是净重计算；如说明的，根据《联合国国际货物买卖合同公约》（以下简称《公约》）第56条的规定，应按净重计算。国际货物贸易中的棉毛、羊毛、生丝等商品有较强的吸湿性，其所含的水分受客观环境的影响较大，故其重量很不稳定。为了准确计算这类商品的重量，国际上通常采用按公量计算的办法，即以商品的干净重（指烘去商品水分后的重量）加上国际公定回潮率与干净重的乘积所得出的重量，即为公量。其计算公式如下：

公量 = 干量 + 标准含水量
= 干净重 ×（1 + 公定回潮率）
= 实际重量 ×（1 + 标准回潮率）÷（1 + 实际回潮率）

例如，出口10吨（1吨 = 1000千克）羊毛，公定回潮率为11%，求该批货物的公量。

解：取10千克的羊毛，用科学的方法去掉水分，已知干量为8千克，则该批货物的实际回潮率为2 ÷ 8 = 25%

$$公量 = \frac{10 \times (1+11\%)}{(1+25\%)} = 8.88 吨$$

（2）对散装商品应在合同中正确规定溢短装条款。溢短装条款（More or Less Clause）是允许交货时可多装或少装合同规定数量的一定百分比的条款，主要用于大宗商品和散装货物。在合同中规定溢短装条款时，主要包括以下内容：机动幅度，例如“5% more or less is acceptable”；由何方（买方、卖方、船方）来行使此项机动幅度的选择权，如“卖方可以溢装或短装5%”（with 5% more or less at seller's option）；多装或少装部分的计价方法，注明溢短装部分按照合同价格还是交货时国际市场价格计价。为了防止当事人根据其自身利益随意增加或减少交货数量，也可以在数量机动幅度条款中，增加“此项机动幅度，只在满足船舶实际装载量的需要时才能适用”的语句。

如果合同中未明确规定数量机动幅度，则卖方应严格按照合同中规定的数量交货。但是，买方如采用信用证方式付款，根据《跟单信用证统一惯例》（以下统称《UCP600》）的规定，在信用证未以包装单位件数或货物自身件数的方式规定货物数量时，货物数量允许有5%的增减幅度，只要总支取金额不超过信用证金额。

（3）对约数的审查。在合同的数量前、后加“约”“大约”“近似”“左右”等字样。由于“约”的含义在国际上解释不一，所以双方当事人应事先对大约的幅度进行约定，以免引起纠纷。但在采用信用证付款方式时，根据《UCP600》的规定，“约”或“大约”用于信用证金额或信用证规定的数或单价时，应解释为允许有关金额或数量或单价有不超过10%的增减幅度。

4. 价格条款的审查

在国际货物买卖中，进出口商通常采用固定作价方法，因此，价格条款一般包括两项内容：一是货物单价（Unit Price），二是货物总值（Total Amount）。进出口业务绝大多数通过函电进行磋商，如果所报价格不规范，很容易造成误解或差错，导致日后电讯查询，浪费钱财，且有损企业形象。因此，必须正确掌握表示货物单价的方法即单价表述四要素，包括货币名称、单价金额、计量单位和贸易术语。例如，USD 500 per dozen net CIF（每打500美元CIF，美国净价）。

总值是指单价同成交数量的乘积，即一笔交易的总金额。

签订加工周期较长的机械设备合同，或合同约定采用非固定作价以防止某些因素的变动时，价格条款中需要做一些说明。

跟单员应审查价格是否合理，价格条款的规定是否规范，货物的作价方法是什么，有没有价格调整条款等。

5. 包装条款的审查

出口合同中的包装条款主要包括包装材料、包装方式、包装件数、包装标志和包装费用的负担等内容。按照有些国家的法律规定，合同中有关包装的规定是商品说明的组成部分。如果卖方未按合同规定的包装方式向买方提供货物，则属违约，买方可以要求损失赔偿。因此，跟单员在审查包装条款时，要注意以下问题：

（1）要注意客户对包装有无特殊要求，如果有，我方能否按要求做到。

（2）要注意有关国家对包装的特殊要求和风俗习惯。各国对包装的要求越来越严格，有的国家不允许使用玻璃和陶瓷做包装材料；有的国家禁止使用稻草、报纸做包装衬垫物；同时，还要符合各国的风俗习惯。

（3）要明确唛头的指定。按照国际贸易惯例，唛头一般由卖方决定，无须在合同中具体规定。如果买方要求特定唛头，可在合同中列明，以便卖方据以刷制唛头；如果买方要求合同订立后由其指定，则应明确指定的最后时限，并订明“若到时未收到有关唛头通知，方可自行决定”。

（4）要明确包装物料提供与费用负担的相关事项。出口货物的包装通常由卖方提供，包装费用一般包括在货价之内。如果买方有额外包装要求，由买方承担费用并规定具体的支付办法；如果包装材料由买方供应，还应订明包装材料最迟到达卖方的时限和逾期到达的责任。

6. 装运条款的审查

在合同中，装运条款应具体规定交货时间、装运地、目的地、能否分批装运和转运等内容。

（1）交货时间的审查。合同中规定的交货时间通常是规定的一个期限，而不是某个具体日期。就交货时间而言，跟单员应审查交货时间是否切实可行，企业能否在规定的时间内备好货，并装船发送给客户。

常见的规定交货时间的方法有以下内容。

①规定具体的装运期限。可以规定最迟装运期限，如“5 月 30 日前装运（Shipment before May 30th）”；规定在某月装运，如“3 月装运（Shipment during March）”。这种规定装运时间的方法比较明确具体，在国际贸易合同中应用比较广泛。

②规定收到信用证后一定时间内装运。对外汇管制较严的国家或地区，或成交商品规格、花色在别的市场难以销售的，或对买方资信不够了解的，可以采用这种规定。采用此种规定时，通常将装运时间规定为收到信用证后的25天至45天。另外，还要注意同时约定买方最迟的开证日期，避免因买方延迟开证而使卖方延误装运期。如“收到信用证后 30 天内装运，买方必须在 5 月 15 日之前将有关信用证开至卖方（Shipment within 30days after receipt of L/C, the relevant L/C must reach the seller not later than May 15th）”。

③规定收到信汇、电汇、票汇后一定时间内装运。在卖方已经备齐货物随时可以

发运的情况下，可以采用此种规定。如“收到信汇（电汇、票汇）后 25 天内装运（Shipment within 25 days after receipt of M/T（T/T，D/D）”。

④采用装运术语。如“立即装运（Shipment Immediately）”“尽快装运（Shipment as soon as possible）”等术语，往往是在卖方备有现货，而买方要货比较急的情况下使用。国际上对这类术语没有统一解释，除非买卖双方已有共识，应避免使用。

（2）运输方式及交货地点的审查。跟单员对运输方式的审查主要是指出口货物采取什么运输方式，国际贸易中主要使用的运输方式有海洋运输、航空运输、铁路运输等。同时，跟单员还要审查合同中对分批装运和转运问题的规定是否符合实际情况。

跟单员对交货地点的审查，主要是指对装运条款中装运港和目的港的审查。

装运港（Port of Shipment），是指货物起始装运的港口。装运港（地）一般由出口方提出，经进口方同意后确定。装运港（地）可规定一个，如“装运港：上海（Port of Shipment：Shanghai）”；也可规定两个或两个以上，如：“装运港：新港/上海（Port of Shipment：Xingang/Shanghai）”；还可以规定选择港，如“装运港：新港/上海，任选（Port of Shipment：Xingang/Shanghai Optional）”。规定装运港（地）时应当做到：

①选择与货源集中地靠近的装运港（地）。

②对有重名的港口应注明国别或地区。

③选择交通方便、费用低、存储方便的装运港（地）。

④如果交货量较大或交货地点不在一处，应选择两个或两个以上的装运港（地），或规定一个航区，以方便装货。

⑤不能接受与我国没有贸易往来的一些国家的港口作为装运港。

目的港（Port of Destination），是指货物最后卸货的港口。目的港（地）由进口方提出，经出口方同意后确定。目的港（地）可规定一个，如“目的港：伦敦（Port of Destination：London）”；也可规定两个或两个以上，如“目的港：伦敦/汉堡/鹿特丹（Port of Destination：London/Hamburg/Rotterdam）”；还可以规定选择港，如“目的港：伦敦/汉堡/鹿特丹，任选（Port of Destination：London/Hamburg/Rotterdam Optional）”。规定目的港（地）时应当做到：

①对于航次较少或无直达航线的港口，应指明允许转运。

②对有重名的港口应注明国别或地区。

③不要轻易接受“欧洲主要港口”“非洲主要港口”为目的港。

④对于采用选择港（地）的，所选港口不得超过三个，且都应是同一条航线上的基本港口。

⑤不接受与我国没有贸易往来的国家的港口作为目的港。

⑥不接受不安全的目的港（地），如疫区或战区。对于季节性港口，应避开冰冻

期、雨季、季风等季节。

7. 付款条款的审查

合同中的付款条款主要包含付款时间、付款方法和付款币种。

国际贸易中主要的结算方式包括信用证、汇付、托收。信用证结算方式是基于银行信用的一种结算方式，汇付和托收是基于商业信用的结算方式。跟单员在审查付款方式的时候，要综合考虑各方面的因素，包括企业内部对支付方式的规定、交易商品的竞争情况、交易对方的信用情况、贸易术语的选用情况等。

任务二　样品跟单

任务导入

李晓华通过研究订单，对订单有了一个总体把握，但关于样品方面还有很多细节弄不清楚，请帮李晓华梳理一下。

相关知识

一、样品的概念

整个跟单工作过程从接单、审单开始，跟单员的工作侧重于审单、跟进生产过程、控制交货的时间。跟单员在这个环节中，要完整、准确地理解和掌握订单要求，形成审单记录，并在生产过程中一一落实。在凭样品买卖的交易中，制作样品是不可或缺的必要阶段，是保证大货质量的关键环节。认真审核订单中的样品要求并协助生产部门制作合格的样品，寄送样品，归档管理样品，收集样品的反馈信息并交给生产部门是跟单员的样品跟单的主要工作。

样品是企业与客户进行业务交流的特定产品，是实物化了的概念和标准。样品对于一个企业来说非常重要，一个样品的好坏直接关系到交易能否达成，所以我们必须充分认识到样品的重要性。

二、样品的作用

（1）样品是一个企业的形象代表。样品直接反映了一个企业的经营推广能力、生产制造能力、售后服务能力。

（2）样品是产品品质的代表。一个样品就能体现一个企业所经营的产品的档次及适合的消费群体。

（3）样品是价格的代表。样品质量的高低直接决定了产品价格的高低。

（4）样品是生产的代表。生产企业是根据确认的样品来生产的，确认样品的加工度、工艺要求和结构直接关系到生产的难度、时间、进程。

（5）样品是验货和索赔的依据。验货是根据确认样来检验的，索赔也是根据确认样来进行的。所以一旦验货不通过或者发生索赔，我们必须把确认样找出来，作为谈判的依据。

三、样品的种类

一般来说，报完价后，如客户觉得价格接近或者可以接受，会要求安排备样。样品的种类很多，主要有宣传推广样、参考样、测试样、修改样、确认样、成交样、产前样、生产样、出货样。服装的出货档又包括款式样、广告样、齐色齐码样、水洗样、生产样/船样、色样、/印花样、辅料样。

1. 确认样（Approval Sample）

确认样是指买卖双方认可的，最后经买方确认的样品。确认样是需要同客户确认的样品，一旦确认，就要据此来生产的样品。作为确认样，客户要求颜色要对，辅料要齐，如是纺织类的印绣花也要按照要求去做，特别是代表大货面料一定要好。因为一般来说，确认样是给设计师看的，所以我们生产出来的确认样必须符合设计师的设计要求，并能准确体现设计师的设计理念。确认样是否符合客户的要求直接关系到交易能否顺利达成，因此，此项工作非常重要，跟单员必须重视此项工作。

在完成了确认样后，必须由技术检验部门评估，只有经过技术检验部门评估合格的样品才可以发送给客户。确认样的评估重点如下：

（1）所选的材料是否与客户的要求完全一致。

（2）样品各个部位的尺寸是否与客户的图纸完全一致。

（3）样品的颜色和包装是否与客户的要求完全一致。

（4）样品的数量是否与客户的要求完全一致。

（5）本企业是否有留样。留样至少需保留一件，以便做日后生产大货订单的实物依据。

2. 产前样（Pre - Production Sample）

产前样是指生产之前需寄给客户确认的样品。

一般来说是在大货面料出来以后，为了保证大货的准确性，在裁剪前，企业会做几件产前样给客户看。产前样代表了大货水平，也会成为客户对大货的检验依据。为了生产的方便，要求产前样必须符合客户对大货的一切要求，避免出现生产损失。

3. 生产样（Production Sample）

生产样是大货生产时的样品，也就是指在大货生产过程中，随机抽取的为了反映大货生产时的一些情况的样品。客户会根据生产样所反映的情况，来判断是否需要做出一些新的改进指示。

4. 测试样（Test Sample）

测试样是交由买方客户通过某种测试检验卖方产品品质的样品。有些客户要求做测试，则需要做此样。成衣的测试样主要测试水洗、颜色、环保方面是否符合客户要求。测试样也可能要做多次，如果测试不通过，客户可能不会下订单。

5. 出货样

出货样是指货已经做好并准备出货之前的样品。有些客户就根据这个样品来决定这批货的品质。

6. 服装贸易中常见的其他样品

行业不同，会有各行业特有的一些样品种类。下面，简单介绍服装贸易中常见的其他样品。

（1）款式样（Pattern Sample）。一般情况下，款式样主要是给客户看产品的款式和工艺水平的，可以用同类面料代替，但当有配色时，一定要搭配合适才行，尺寸和做工要完全符合客户的指示及要求。有时客户可能会在这个款式样品上做些简单修改。

（2）广告样（Photo Sample）。广告样一般来说是在订单确定后，大货出货前，客户用来扩大宣传，增加销售量的样品。这类样品要齐色齐码，外观效果要好，一定要起到门面作用。这个样品一般用来参加展会或者由外销员展示给外商看。

（3）齐色齐码样（Size/Colour Set Sample）。一般款式确定下来后，客户会要求出口商按照其工艺要求，提供所有颜色和尺寸的样品。假如颜色有 3 种、尺码有 4 种，厂家就会打出 12 种齐色齐码样品供外商确认。

（4）水洗样（Washing Sample）。有些布料需要水洗，所以厂家会出水洗样品。水洗样是产品进行水洗生产工序后的样品，目的是检查成衣经过水洗后，尺寸是否变化，形态如何。

（5）生产样/船样（Production Sample/Shipping Sample）。生产样/船样是代表出口货物品质水平的样品，是下了订单之后，从厂家生产出来的一批产品中随机抽出的样品。这种样品也称为大货样。

（6）色样（Lap Dip）。色样是指出口商（生产商）按客户的“色卡”要求，对面料和辅料进行染色后的样品。有的产品的颜色要求很高，会在生产前做出比较详细的色样。色样制作和检验时，需注意以下问题：

①色样的制作和检验要好看、及时，保存要完整，自己必须留存一份，用于以后生产过程中对大货的颜色进行核对。

②在制作和检验色样时，跟单员要问明客户是在自然光还是在灯光下对色。由于

光线会影响人的眼睛对颜色的辨认，因此颜色的核对必须在统一的光线下进行，通常需要在自然光或专用灯箱光线下进行颜色辨认。

③一种颜色的色样至少要有三种以上，以便客户确认最接近的颜色。

（7）绣/印花样（Embroidery/Printed Sample）。要求尽可能用正确颜色的布、线打样，特别是在绣花时，绣花线一定要用正确颜色，如果确实有难度，可以与客户沟通，变通安排。绣（印）花资料必须保证准确，如颜色搭配、花型等，要及时同客户沟通不明确的地方，争取缩短确认周期。

（8）辅料样（Accessory Material Sample）。辅料样是通过采购或加工生产的辅料样品。大多数的生产企业，不可能自己生产所有所需的辅料，因此辅料多数通过向外采购来解决。跟单员在打样时，就应考虑找一些好做、好找的辅料，减少大货生产时不必要的麻烦，对辅料的总体要求为价格低、质量好。

（9）参考样（Reference Sample）。参考样是指卖方向买方提供的，仅作为双方谈判参考用的样品。参考样与成交样的性质不同，不应作为正式的检验依据。参考样寄给客户只是做品质、样式、结构、工艺等方面的参考，为了在产品的某些方面达成共识，参考样要标明“For Reference Only（仅供参考）”字样，以免与其他样品混淆。

（10）修改样（Modified Sample）。修改样是指买方对样品的某个方面提出修改，修改后卖方又重新寄回需买方确认的样品。

（11）成交样（Confirming Sample）。成交样是指卖方交付的标的物与买方保留的样品具有同一质量标准的样品。

对外贸易中有些商品采取凭样品买卖，就是交易双方约定以双方同意的样品作为交货的品质依据，该项样品称为成交样品，又称标准样品。凡合同中明确规定按成交样品交货，如“质量以买方（或卖方）样品为准”等条款，该项成交样品就作为贸易合同中不可分割的部分，成为品质检验的依据；卖方所交的全部货物，其外观和质量应与成交样品相符，否则买方有权提出索赔或退货；凭样品买卖的商品不多，一般限于不能完全使用科学方法用文字数据来表示品质的一些商品，例如，皮鞋、服装、土特产品、少数轻工产品以及工艺美术品等。

成交样品是从一批商品中抽取出来的，或是由生产、使用部门设计加工出来的能代表今后交货质量的少量实物，通过样品的实物形态反映出商品品质的全貌。

成交样有以下几种情况。

①由卖方提供的样品（Seller's Sample）或买方提供的样品（Buyer's Sample），经过双方确认，称为确认样。

②原样（Original Sample），如果由卖方提供，卖方在交付给买方样品之外应该自留样品，称为复样或留样（Copy Sample）；原样如果由买方提供，卖方应先制成对等

样，又称回样（Counter Sample），再寄给买方确认。由买卖双方会同签封的称为封样（Sealed Sample）。

③申请出入境检验检疫机构签封，一般以相同的样品一式三份，经审核后签封，买卖双方各执一份，另一份由出入境检验检疫机构留存，供今后检验时对照。

外贸经营单位对出口商品的成交样品要慎重掌握，样品必须具有代表性，应能代表今后交货的实际质量，不能偏高或偏低。偏高会造成今后履约和交货困难或引起出口后国外索赔，偏低则可能导致成交时在卖价上吃亏。样品必须预留完全相同的复样，并健全编号、登记、保管制度，以免错乱。成交样品必须及时向生产供货部门和出入境检验检疫机构提供，据以按照生产对照检验。出口商品的质量不得低于成交样品。

在采取凭样品买卖时，由于某种商品的特点，事实上难以做到“货”与“样”完全一致，外贸经营单位在成交时应争取以我方提供的样品为依据，在合同中订明“品质与样品大致相同”的条款，以争取主动。

典型案例

【案例1】识别服装订单的加工（合同）要求

1. 分析以下某制衣厂的订单，并做审单记录。
2. 分析规格尺码及花色式样的要求。
3. 分析面料、辅料和配件的要求。
4. 包装要求。

以下是某制衣的订单，内容如下：

Order No.	22 – 54670
Style No.	27 – 305 – 10
Item	Man's Jacket

ARTICLE DESCRIPTION:

PLEASE FOLLOW TECHNICAL DRAWINGS AND MEASUREMENTS VERY CAREFULLY!

NO ORIGINAL SAMPLE AVAILABLE!

– please follow technical drawings and measurement chart for cutting, sewing and styling

– stand up collar, matching piping at top inner facing of collar, otherwise contrast inner collar shell zip puller

– outer storm placket with 5 invisible matching velcro sets and two invisible press buttons one at top and one at bottom

Inner facing of outer storm placket in main out shell colour, topside in contrast out shell colour

– out shell chin guard to avoid zip contact at neck and throat area when garment is closed

– detachable stud off hood (no roll – in) with contrast mesh lining and 5 aluminium colour snap buttons (for workmanship of hood pls follow detailed technical drawings)

– contrast roped piping across front yoke, back yoke, front and back of sleeves

– patched lower waist welt pockets with contrast woven ribs tape pull tabs and contrast stitched bartacks at pocket entries

– half elasticated sleeve cuffs with adjustable velcro flaps

– contrast pes 210T lining at sleeves, contrast pes mesh lining at body

– inserted horizontal inside pocket with out shell placket and pes 210T lining, contrast bar tacks at pocket entry

Out shell stripe sewn onto mesh lining as kind of boarder between top and bottom

– name label sewn onto out shell patch at inside jacket below inserted horizontal pocket

– direct embro at left sleeve, artwork at coloured sketches, pls adjust size accordingly

PLS ALSO READ MINIMUM MANUFACTURING SPECIFICATIONS ATTACHED TO THIS ORDER VERY CAREFULLY!

SAMPLES:

Following samples/swatches/accessories are required.

These items will have to be dispatched by courier service, prepaid. Please advise dispatch details to immediately.

Type of Sample	Quantity	Eta Hamburg
LAB DIPS	AT LEAST 3 LAP DIPS	DIRECTLY! AFTER ORDER PLACEMENT
COUNTER SAMPLES	2 PCS SIZE 104 UPFRONT FOR FITTING APPROVAL IN ADDITION JUMPING SIZES 92 & 122	2WEEKS AFTER ORDER PLACEMENT
ACCESSORIES EMBRO + PRINT STRIKE OFFS	FOR APPROVAL	A. S. A. P.
PP/QAD SAMPLES	3 × SIZE 104	SEE BELOW

续 表

Type of Sample	Quantity	Eta Hamburg
→PP/QAD SAMPLES MUST BE SENT PUNCTUALLY IN ORDER TO ALLOW FOR MINOR CHANGES THROUGH THE BUYING TEAM, IN ORDER TO FIND OUT EXACTLY WHICH LAB TESTS HAVE TO BE CARRIED OUT AND LAST BUT NOT LEAST - IN ORDER TO LEAVE ENOUGH TIME FOR PRODUCTION AND PUNCTUAL SHIPMENT! THE PRE - PRODUCTION SAMPLES WILL BE SENT TO CUSTOMERS' QUALITY ASSURANCE DEPARTMENT. "GO" FOR PRODUCTION CAN ONLY BE GIVEN AFTER THEIR APPROVAL.		

IMPORTANT NOTICE:

WE ONLY FIND OUT WHICH FABRIC TESTS ARE REQUIRED AT TIME OF QAD REPORT, THEREFORE IT IS MOST IMPORTANT TO SUBMIT PP/QAD SAMPLES TO W EI. I. BEFORE PRODUCTION IS SCHEDULED TO BEGIN.

PLEASE ADVISE FABRIC SUPPLIER TO SUBMIT SAMPLE YARDAGE FOR PP SAMPLES INADVANCE. DO NOT WAIT TILL BULK FABRIC ARRIVES AT FACTORY, AS THIS WILL BE TOO LATE!

IT IS ALSO PERMITTED TO SUBMIT PP/QAD SAMPLES IN AVAILABLE BUT CLOSE TO ORIGINAL COLOURS/FABRICS ALONG WITH CUTTINGS OF BULK FABRICS (AND BULKACCESSORIES ON SAMPLE CARD) IF NECESSARY TO SAVE TIME.

PLEASE SEE SAMPLE PROCEDURE EXPLANATION BELOW:

QUALITY:

Out shell	WOVEN jacket - 65% polyester, 35% cotton T/C peach, backside PA coated - coating must be water repellent - construction: 139 ×94/45 ×45 - minimum weight: 134 g/sqm - finishing: full dull, plain, soft touch, minimum crinkle effect SAME QUALITY AS 2 in 1 ORDERS! ▶ It is very important that no coating will come out at stitching lines ▶ coating must stay on fabric after several washings in normal domestic ▶ washing machine at 40℃ ▶ coating should be fully dry and not glue together or at lining ▶ coating should not be too stiff

续 表

Main lining	Body lining (plus hood lining) KNITTED 100% polyester mesh
Lining	Sleeve lining WOVEN 100% polyester taffeta 210T, slipping fast, plain reactive dyed

COLOURS:

PLEASE FIND ALL RELATING COLOUR SWATCHES AND PANTONES AT SEPARATE COLOUR CARD AND FOLLOW FOR LAB DIPPING! PLS DO NOT FOLLOW COLOUR PRINTOUTS OF SKETCHES, AS THESE ARE NOT TRUE COLOR!

	upper body/sleeves + hood + part inner facings	lower body, sleeves + part inner facings	lining at body + hood	lining at sleeves
	main out shell	contrast out shell	main lining	lining
	Oatmeal	Forest Shade	Apricot Orange	Apricot Orange
CT Pantone	Oatmeal 13 - 0401 TC	Forest Shade 15 - 6423 TC	Apricot Orange 17 - 1353 TC	Apricot Orange 17 - 1353 TC
QUALITY	Woven 65% polyester, 35% cotton T/C peach	Woven 65% polyester, 35% cotton T/C peach	Knitted 100% pes mesh	Woven 100% pes 210T

Contrast roped piping	Contrast ribs tape pull tabs	Contrast bar tack stitching
apricot orange 17 - 1353 TC	apricot orange 17 - 1353 TC	apricot orange 17 - 1353 TC

SIZE ASSORTMENT:

OATMEAL/FOREST SHADE/APRICOT ORANGE

Size Range	92	98	104	110	116	122	TOTAL
Total	460	713	805	814	818	990	4600

ACCESSORIES:

Zipper	Frontzipper: – Branded vislon #5, fully matching main out shell – = > oatmeal	1 pc
	Out shell zip puller: – = > oatmeal ATTENTION! As no loops are allowed at children's garments, please sew out shell zip pullers double faced and bar tack them at top and bottom	1 pc
Embroidery	Artwork at coloured sketches, pls adjust size accordingly – Position: at left upper sleeve – NO forbidden AZO or allergenic DISPERSE dyes	
Hidden silver press buttons	Aluminium mental press buttons NO NICKEL! – For detachable stud off hood – For outer storm placket – All press studs must meet the minimum physical requirements, pls finds these at the website under mechanical safety!	1 pc
	Please include 1 pc spare button in small transparent bag attached at content/care label	1 pc
Velcro	Velcro closures at hood and inside pocket colour – 5 sets at outer storm placket = matching oatmeal – 2 sets at hood = > matching oatmeal – 1 set at inside pocket = > matching forest shade – 2 sets at each side sleeve cuff flap = > matching oatmeal – NO forbidden AZO or allergenic DISPERSE dyes – NO forbidden PVC	10 sets

ACCESSORIES：continued...

Inside name label	Bi-colour woven or printed TYVEK name label pls submit 2 options for choice Position：sewn onto out shell patch at inside jacket below inserted pocket Size：7. 5cm × 5cm Colours always matching to jacket colours • = > main col.：apricot orange/second col.：oatmeal	1pc
Name label	ARTWORK：in German language Diese Jacke gehört.... Name: Adresse: Stadt: Telefon:	

STANDARD WORKMANSHIP FOR WOVEN ITEMS：

threads must be blend of polyester or cotton

Seams stitching by regular lock stitch 301

Seam allowance at 1. 0 cm

Seam ends secured by reverse stitching

Bar tacks required at all pocket entries and at both sides of lower zipper ends

All snaps must be fixed with plastic rings

Eyelets must be underlaid with square of shell fabric

Stitch length：4 stitches per lcm

All needles have to be checked at least once daily during production and to be renewed if found defective

For all quilting operations thinnest possible needles have to be used to avoid fibre penetration through needle holes

In washable garments seams in ~woven linings must be overlocked

Type 301 （2 Threads）

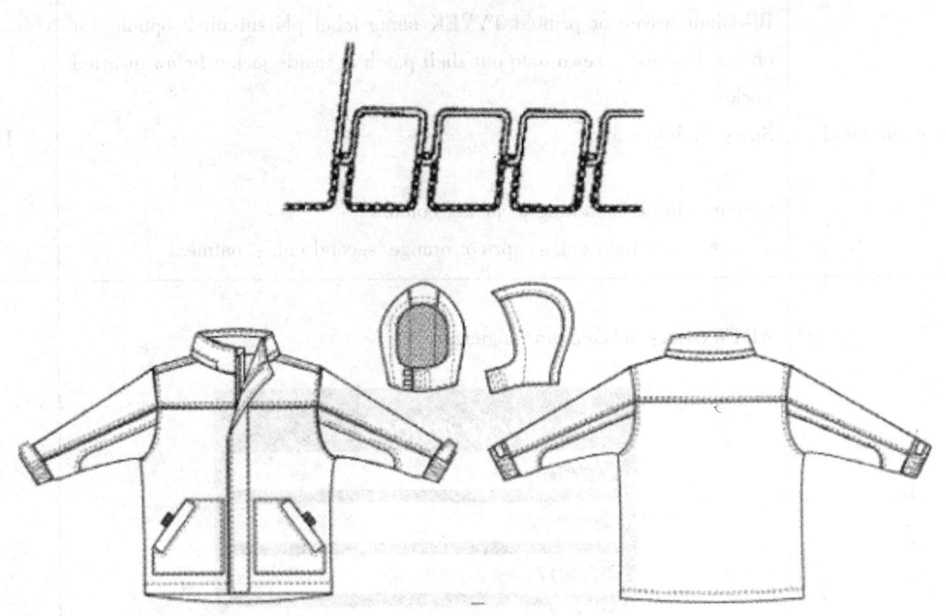

【案例 2】根据订单要求转化生产任务书（生产通知）

要求：及时将外贸合同落实生产，加工企业的跟单员要协助生产管理部门，根据合同有关内容编制生产通知单。明确产品的名称、规格型号、数量、包装、出货时间等要求，参考表 3－1（生产通知单）。

表 3－1　　　　生产通知单

生产部门									
订单编号									
产品名称									
规格型号									
生产数量									
工艺要求									
质检要求									
包装要求									

续 表

使用材料								
序号	料号	品名	规格	单位	单机用量	标准用量	损耗率	备注
1								
⋮								
生产方式								
附件								

跟单员接到订单后，应将其转化为企业下达生产任务的生产通知单，在转化时应明确客户所订产品的名称、规格型号、数量、包装、出货时间等要求。跟单员需与生产企业或本企业有关负责人对订单内容逐一进行分解，转化为生产企业的生产通知单内容，在对外交货时间不变的前提下，对本通知单内涉及的料号、规格、标准、损耗等逐一与生产部门衔接。不能出现一方或双方含混不清或任务下达不明确的问题。

以下是三份对样品生产要求和生产订单要求的识别及过程记录单。

1. Sample Procedure 1

Item	Fabric Quality	Price Quotations	Lap Dips	Accessories
What	3 different suggestions * For customers choice * To give alternatives * For price & fabric respect also lining, rib, etc. As it also for alternative, construction/knitting pattern, weight, finishing, composition might slightly different to request	FOB PRICE * Excluding quota * Quota price per garment * Garment weight (if weight quota) * Quota price per kg (if weight quota) * Port of shipment	Full colour card (also if some colour not involved; colourway might be changed; additional sample request might follow)	Different suggestions: * For customer's choice * To give alternatives for price & quality

续 表

Item	Fabric Quality	Price Quotations	Lap Dips	Accessories
Quality	Correct quality & finishing	—	* Original fabric (available fabric unacceptable) * Correct finishing (milky coating or other finishing might effect colour)	* Correct quality * Available design
Colours	Available	—	Correct	Available
Timing (Dispatch)	7 days after enquiry	7 days after enquiry	7 days after fabric confirmation	7 days after enquiry
Consignee	3 sets * Customer (UMBRO) * Miles Hamburg * Alster office	—	3 sets * Customer (UMBRO) * Miles Hamburg * Alster office	3 sets * Customer (UMBRO) * Miles Hamburg * Alster office
Size	A4 (paper) per size	—	Min 4 cm^2, each	
Form to Attach	APPROVAL SHEET FOR FABRIC QUALITY	—	APPROVAL SHEET FOR LAB DIPS	APPROVAL SHEET FOR ACCESSORIES
After Comments Arrange	* Lab dips * Greige fabrics (for 2nd samples, salesmen samples, size sets)	—	* If comments: revised lab dips/re-dips * If approval: "Bulk" sample fabric (for 2nd samples, salesmen samples, size sets, photo samples) * Dye colour by colour immediately fater approval; no delay due to pending colours	* If comments: revised accessories * If approval: "Bulk" sample accessories (for 2nd samples, size sets, photo samples)

2. Sample Procedure 2

Item	1st Sample	"Bulk" Sample Fabric & Accessories	2nd Sample	Salesmen Samples
What	• Correct logos (embroideries/prints) • Correct labels (exceplionc como/care Instructions) • Accessories (if not available exactly as required; most similat to the approved quality)	All fabrics (also lining, rib, etc.) and accessories	• Correct logos (embroideries/print) • Correct labels • Correct accessories	Perfect style according to all comments, given
Quality	Correct quality & finishing of fabric & accessories (available unacceptable)	Correct quality	Correct quality & finishing of fabric & accessories (available unacceptable)	Perfect fabric quality & accessories
Colours	• Advise stock fabric colours according to most similar Pantone code: Miles will make the choice • commercial, saleable colours like navy, black, grey, white, belge • Accessories lining in matching colours	Correct colours	Correct colours/colourways for fabrics & accessories	Perfect Colourways
Timing (dispatch)	7 - 14 days after enquiry or fabric quality approval (refer to sample schedule, if given)	7 days after lad dip or accessory approval	7 - 14 days after comments on 1st sample (refer to sample schedule if given)	7 - 14 days after comments on 2nd sample or "Bulk" sample fabric
Consignee	3 pieces: • Customer (UMBRO) • Mies, Hamburg • Alster office	3 sets: • Customer (UMBRO) • Miles, Hamburg • Alster office	3 sets: • Customer (UMBRO) • Miles, Hamburg • Alster office	Refer sample enquiry, each colourway

续表

Item	1st Sample	"Bulk" Sample Fabric & Accessories	2nd Sample	Salesmen Samples
Size	Garments size L (no Junior, no infant)	A4 (paper) Size	Garments size L & 146 & 116	As enquiry
Form to Attach	SAMPLES COMMENTS	APPROVAL SHEET FOR BULK FABRIC	SAMPLES COMMENTS	SAMPLES COMMENTS
After Comments Arrange	2nd sample	—	—	—

3. Order Procedure

Item	Fabric	Price & Shipment	Lap Dips	Size Set
What	All fabric * Shell * Rib * Lining	FOB price * Excluding quota * Quota price per garment * Garment weight (if weight quota) * Quota price per kg (if weight quota) * Port of shipment	Full colour card (also if some colours not involved; colourway might be changed; additional sample request might follow)	* Correct logos (embroisteries/prints) * Correct labels * Correct accessories
Quality	Correct quality & finishing		* Original fabric (available fabric unacceptable) * Correct finishing (milky coating or other finishing might effect colour)	Correct quality & finishing of fabric & accessories (available unacceptable)
Colours	Available		Correct	Correct (fabric & accessories)
Timing (dispatch)	7 days after order enquiry (only necessary if not yet confirmed during sampling)	3 days after enquiry	7 days after fabric confirmation or comments on former lap dips	10 days after enquiry

续 表

Item	Fabric	Price & Shipment	Lap Dips	Size Set
Consignee	3 sets * Customer（UMBRO） * Miles，Hamburg * Alster office		3 sets * Customer（UMBRO） * Miles，Hamburg * Alster office	Full size set * Customer：S + XL * 134 + 164，104 + 122 * Miles：L + XXL，158，110 * Alster：M，146，116
Size	A4（paper）size		Min 4 cm^2，each	
Form to Attach	APPROVAL SHEET FOR FABRIC QUALITY		APPROVAL SHEET FOR LAP DIPS	SAMPLES COMMENTS
After Comments Arrange	* Lab dips * Greige fabric（size sets. photo samples，pp – samples，bulk production）		* If comments：revised lab dips/re – dips * If approval：Bulk fabric（for size set，photo sample，pp – samples，bulk production） * Dye colour by colour immediately after approval；no delay due to pending colours	* Photo samples * Pre – production samples

在服装跟单中，样品生产的过程如图 3 – 1 所示，具体说明如下。

第一，技术人员解析客户的订单要求，转化成款式稿和工艺单，并制成一两件初样（Proto）交给生产经理确认，如有必要可以修改初样。初样只由在技术科室的专业人员制作，目的是将书面的订单活化为生产的过程设计，通过制作初样，可以准确地计算出订单产品的用料、人工、生产工艺过程，从而完成成本核算、质量监督环节的设计等，对全部生产环节做到心中有数。

第二，初样经确认之后成为销售样（Salesmen Samples），就可以交给销售经理去市场推销或交给国外客户进行市场推销。还可以将销售样转化成广告样（Photo Samples）

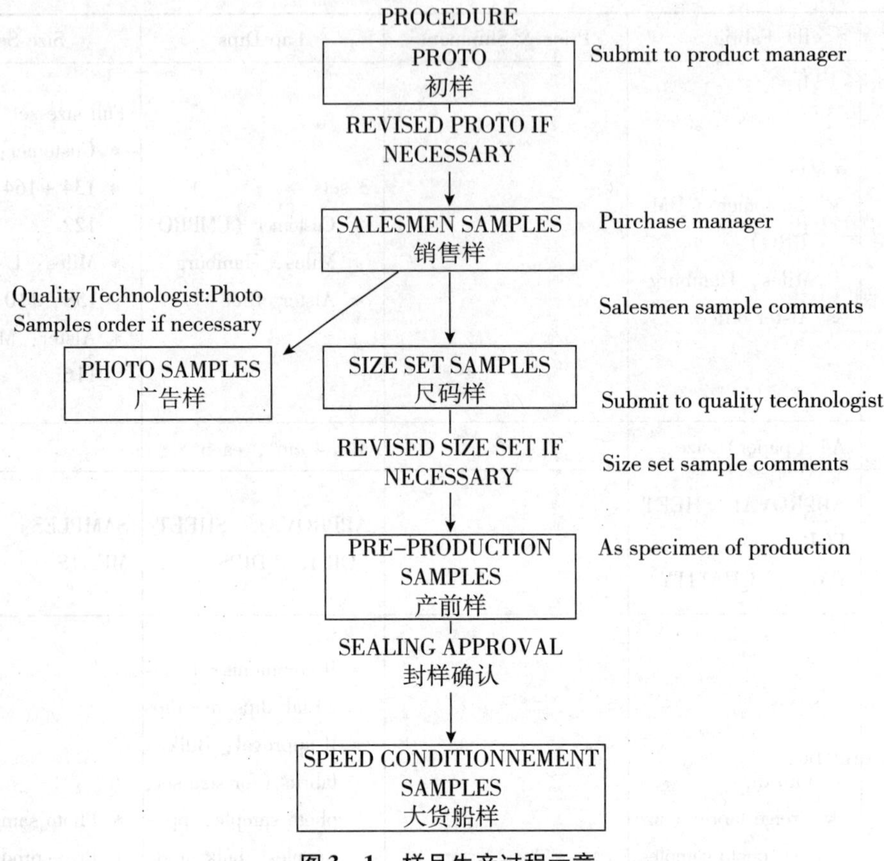

图 3-1　样品生产过程示意

进行市场行销。

第三，销售样进入下一个生产过程，需要按照订单要求的尺码类型制作出各类尺码的样品，并对尺码样进行质量技术确认，必要时可以修改尺码样。尺码样的制作过程也是工艺单的制作过程，即对服装面料进行科学、经济的排料、剪裁的过程（见图 3-2）。尺码样经确认后就可以进入产前样的制作过程了。

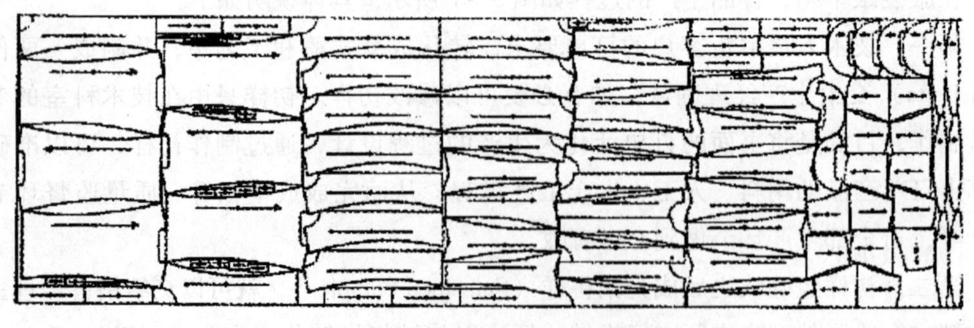

图 3-2　排料、剪裁过程

第四，产前样（Pre－Production Samples）是用大车间的机械设备和线上工人，在大批量生产之前制作的少量样品，这个样品最接近于成品，制作的目的是交给客户过目，增强客户信心。如果凭样品成交的订单，产前样经过客户确认就可以成为确认样，可用于封样。

第五，根据产前样的各工艺任务书，按照剪裁—缝纫—包装—检验的过程完成整个订单的生产过程。在成品中随机抽取的样品称为大货样或者船样。

【案例3】服装样品要求的识别

广州AAA有限公司（GUANGZHOU AAA Co.，Ltd.）是一家外贸公司，2012年10月25日收到德国KKK Co.，Ltd. 的订单如下：

ORDER NO. 120130

DATE：25 OCT，2012

SUPPLIER：Guangzhou AAA Co.，Ltd.

ADDRESS：No. 118 Zhoushan Street，Guangzhou，China

DESCRIPTION OF GOODS：Ladies Jacket，woven，fur at collar，with bronze－coloured buttons，2 pockets at front and 2 pockets without flaps at chest，inside pocket & inside mobile phone pocket，like original sample but without flaps at chest

COUNTRY OF ORIGIN；China

CODE NO.：6202 9200 00

DOCUMENTS：Certificate of Orig1

QUALITY：Shell：100% cotton twill 20×16/128×60，reactive dyed，stone washed

Lining：100% polyester 230T

Padding：100% polyester，body140g，sleeve 120g

UNIT PRICE：USD 7. 10 per piece FOB Huangpu

QUANTITY：14400pcs

AMOUNT：USD 102240. 00，More or less 1% of the quantity and the amount are allowed

TERMS OF PAYMENT ；L/C 60 days after B/L date

DATE AND METHOD OF SHIPMENT：30 Jan.，2013－15 Feb.，2013 by sea；otherwise 16 Feb. 2013－30 Feb.，2013 On seller's account by air

PORT OF LOADING：Huangpu

PORT OF DESTINATION：Hamburg

PARTIAL SHIPMENT：Prohibited

FORWARDING AGENT: Kuehne and Nagel

SELLING PRICE	GERMANY: EUR24. 99 AUSTRALIA: EUR26. 99		
HANGTAG	Pricing/KKK hangtag with logos EC, DA, AA, BD	POSITION	Through Neck Label
HANGTAG/ PRICE STICKER	Attention: in addition to the required information on the hangtag/price sticker there must be printed "hergestelit + + +" (not smaller than writing size 7)		
SEW IN LABEL	On the care label there must be printed "mit + + + + +"		

PACKING	THE CARTON MEASUREMENT WHICH CAN BE USED
8 pcs per export carton, assorted colours and size, per colour in blister/polybag	120cm × 40cm, 80cm × 60cm, 69cm × 40cm, 40cm × 30cm, 30cm × 20cm, 20cm × 15cm The min. height of the carton must be 10cm. The max. weight of a carton is 15 kg.
SAMPLE	SEW IN LABEL
Approval samples to be sent latest 30 Dec., 2012 Lab Dips to be sent latest 28 Dec., 2012 Hangtag/Lable to be sent latest 20 Jan., 2012 Pre – production samples to be sent latest 28 Dec., 2012	KKK woven label with size label beside, at sideseam composition and care instructions: SHELL: 100% Cotton LINING: 100% Polyester PADDING: 100% Polyester FUR: 100% Acrylic First time wash separately, with similar colours and inside out. + order number on each required.

PURCHASE CONDITIONS:

Attn. AZO – and Nickel.

The import and sale of products with AZO – colours and nickel accessories into Germany is strictly forbidden. The supplier warrants that the manufacture of the delivered goods has not involved work by children in an exploiting, health – endangering or slave – like manner, forced labour or exploitative prison work.

The material composition of each article has to be advised; for garments on the sew – in label in following languages: German, English, Spanish and French; for non – textiles on the packing according to the special instructions which will be specified for each individual order.

If the labeling or pricing of the goods is not correct, we will debit the supplier 3% of purchase price.

Place of performance and court of jurisdiction: Dortmund/Germany.

SHIPPING MARKS: 120130
KKK
HAMBURG
C. NO.: 1 – UP

SIDEMARKS: LIEF – NR: 120019
AUFTR. NR: 120130
EKB: DOB1
WGR.: 938
ST/KRTN: 1/8
SPKA2699
SPKD2499

SIGNATURE SIGNATURE
(SELLER) (BUYER)

要求：

1. 订单中要求最迟什么时候把确认样寄给国外客户？

2. 订单中的 Lab Dips 是什么样品，有何技术要求，如何检测？何时寄送给客户确认？

3. Re – production samples 是什么样品，有何作用，最迟什么时候寄给国外客户？

【案例 4】样品的寄送与跟踪

要求：选择适当的寄送方式，发出寄送样品通知，跟踪样品信息反馈，以表格的形式管理，参考表 3 – 2。

表 3 – 2 样品管理表

送样国别	样品名称	版次	生产批次	样品数量	发票金额	寄送日期	客户反馈

四、样品的寄送方式

1. 邮政的航空大包

航空大包寄送价格较便宜，航程大约在两周（不含目的国的海关检验和其国内的邮政递送时间）。此方法适用于大宗低值产品的寄送，可在各地邮局办理。一般商品（非危险品）可正常寄送。如是普通化工品，仅需出具一般的品质证书（证明其无毒、无害、无爆破性等），以便于海关查验核实；如是危险化工品或疑似危险化工品（如钛白粉），则需要出具特殊的证明，并进行特殊托运。注意，最小邮寄重量为 2 千克，20 千克为一个限重单位。如有超出部分，需要另行打包计费。

2. 航空快递

航空快递分为国内邮政的国际 EMS 和国外大快递公司（如 FedEx 联邦快递、DHL 敦豪快递、TNT 等，其费用大致相当），后者较前者的费用高一些。若与快递公司有协议，可有折扣价，时间大约是一周（或 3 ~5 天）。如是普通化工品，仅需要出具一般品质证书（证明其无毒、无害、无爆破性等），以便于海关查验核实；如是危险化工品或者疑似危险化工品（如钛白粉），则需要出具特殊的证明，并进行特殊托运。

五、样品通知

（1）将邮件或快递底单第一时间通知客户，告之发样信息，其中包括样品跟踪号码、何时发送、大约何时到达等。

（2）送交形式发票。形式发票既是客户清关的必需单据，又是出口商样品管理的重要记录。

（3）请客户收到样品后确认。

六、样品情况跟踪

（1）询问样品顺利到达与否，表达对客户的重视程度，体现外贸的专业服务精神，避免被遗忘。

（2）以质量检测报告跟进客户端的样品进展情况（准入测试、终端用户使用体验、参展等）。

（3）跟踪客户对样品的反馈意见。客户对样品的评估对企业很重要，力求让客户对样品的意见做具体说明。

七、跟单员寄送样品的注意事项

（一）寄送样品的原则

1. 从企业自身的实际情况出发，来选择样品的寄送原则

每个企业的发展都会处于一定的阶段，不同的阶段对样品的寄送原则也有所区别。

（1）对于那些实力有限，刚刚进行海外市场开拓的企业来说，有效地控制企业的成本非常重要。因此，在样品的寄送问题上，应该量力而为，切忌急于宣传产品而不计成本地向海外客户寄送样品。

（2）对于那些实力比较雄厚的企业，要对样品的制作成本做一定的预算，包括样品制作费用、运费方面的预算，并可以对客户进行一定的分类，划分一定的样品寄送等级标准，在样品的寄送问题上区别对待。

2. 从客户的角度来选择样品的寄送原则

（1）对于与企业合作多年的老客户，彼此知根知底的，我们可以考虑样品费、运费全免。

（2）对于新客户，如果对方是有诚意的，可告知对方虽然样品是免费提供的，但希望对方承担运费。同时设计客户背景调查表，随样品一同寄给客户，以了解客户。

（3）遇到希望能一次性提供多个样品，且不愿意承担任何费用的客户，我们要加以分析和了解，不应盲目地给不了解的客户寄样品。

3. 从费用成本的角度来考虑样品寄送原则

（1）要明确样品及运费成本。

（2）让客户知道，即使样品免费，无论其货值如何，都会计入公司的运营成本。

（3）样品价值高，运费也贵的，无论新老客户，都应请对方谅解，本着共同发展的原则，希望对方分担运费。

（4）事先准备标准模板信，就样品寄送问题做基本说明。

4. 向客户寄送样品要有端正的心态

我们不能要求每一次给客户寄送样品都能赢得订单，必须要有端正的心态。我们给有诚意的客户寄送样品，即使没有得到订单，但至少可以让更多的人知道我们的产品，这就有可能取得更好的效果。即便暂时没有订单，也可以通过客户反馈，了解目标市场的最新行情、产品需改进的要素及产品线的研发方向。有些产品如纺织品、手机等，客户在拿到样品后，需进行相关的测试，所以需要我们耐心等待。

（二）寄样前的准备工作

1. 样品的确认

确认客户需要的样品型号及规格、包装、说明书、每单数量要求、形式发票的格式等细节不容忽视，必要时可结合邮件及光盘、照片。

2. 取样原则

（1）样品要有代表性，是从批量生产的产品中抽样而得。

（2）保证待寄样品的质量是严格符合客户要求的。

（3）制作样品标签。

（4）留下样品及其生产批次等相关资料以备日后核查。

3. 向客户确认寄样地址，以免损失样品和错过商机

贸易中介等往往存在公司地址与寄样地址不一致的情况，一旦错寄会严重影响商业机会。

（三）样品费用的处理

样品费用主要包括制作费用和运费，这一部分的开销对于企业来说，并非一个小数目。因此，企业在样品费用的处理上，应考虑以下一些因素。

（1）考虑成本问题。面对一个接一个的询盘，样品、运费是一块大的开销。成本问题是每一个企业都必须考虑的问题。

（2）考验客户的诚心。有诚意的客户是不会在乎一点运费的，而且供应商还可以考虑，如果客户给予订单的话，样品是免费的，可在付款时扣除其所支付的运费。

（3）要防止一些客户借着样品采购之机，来拷贝供应商的产品。市场竞争是激烈的，我们必须时刻有保护自己产品的意识。

寄送样品的运费支付方式主要有预付（Freight Prepaid）和到付（Freight Collect）两种。预付是指寄件方交付所需邮寄费用。此支付方式多用于寄送费用低、客户信誉好或者老客户，成交希望大的情况。到付是指收件人交付所需邮寄费用。此支付方式多用于寄送费用高，客户信誉差或新客户，成交希望无法确定的情况。

（四）样品管理

（1）建立样品间或样品柜，用以陈列已经寄出国外的留样。可以按寄送样品的区域（如欧洲、北美、南美、大洋洲、亚洲等）分别存放，也可以按时间年份分别存放，还可以按照已成交和未成交的样品分别存放。这些样品除了组织生产、交货或处理质量纠纷时做核对之用外，还可以用于向参观者展示公司的面貌和实力。

（2）可设计样品管理表，包括送样国别、客户、样品名、样品的版本及生产批次、样品数量、金额、客户对样品的评估内容等。

（3）妥善保存好形式发票，用以留档。

（五）建立稳定联系

不管短期内有无订单，都应尽量与拿样客户建立起一种稳定的联系，并不间断地通知客户有关产品的最新情况。目前，电子商务的迅速发展，使客户信息更新的速度进一步加快，应与客户时刻保持沟通，让客户不断得到最新的产品信息，让客户产生一种依赖跟单员的感觉。

巩固提升

一、单项选择题

1. 你认为最重要的样品是（　　）。

A. 参考样　　B. 修改样　　C. 确认样　　D. 所有样品都重要

2. 以下（　　）商品适用于凭样品成交。

A. 服装　　B. 电视机　　C. 手机　　D. 电脑

3. 你的国外老客户向你要求寄送一般丝绸面料样品，量不多但要求快，你会怎样寄送样品和处理样品寄送费用（　　）。

A. 邮政的航空大包，寄费到付　　B. 邮政的航空大包，寄费预付

C. 航空快递，寄费预付　　D. 航空快递，寄费到付

4. 如果凭样品买卖的买方不知道样品有瑕疵，则损失由（　　）。

A. 买方承担

B. 卖方承担

C. 如果瑕疵是隐蔽的，则损失由卖方承担

D. 视具体情况而定

5. 样品通知工作主要有（　　）。

A. 将邮件或快递底单第一时间通知客户，告之你的发样信息，其中包括样品跟踪号码、何时发送、大约何时到达等信息

B. 送交形式发票。形式发票既是客户清关的必需单据，又是出口商样品管理的重要记录

C. 请客户收到样品后确认

D. 以上三项都是

6. 以下不属于合同成立要件的选项包括（　　）。

A. 当事人有行为能力　　B. 合同必须是书面的

C. 合同有对价约因　　D. 合同内容合法

二、多项选择题

1. 以下属于样品的重要性的选项有（　　）。

A. 样品是产品品质的代表　　B. 样品是价格的代表

C. 样品是生产的代表　　D. 样品是验货和索赔的依据

2. 确认样在发给客户前应该做评估，做评估时应该注意（　　）方面。

A. 所选的材料是否与客户的要求完全一致

B. 样品的颜色和包装是否与客户的要求完全一致

C. 样品的数量是否与客户的要求完全一致

D. 本企业是否有留样。留样至少需保留一件，以便用作日后生产大货订单的实物依据

3. 成交样的确认方式有（　　）。

A. 由卖方或买方提出，经过双方确认

B. 由买方提供样品，经卖方复制样品（称回样）再寄回买方确认

C. 由买卖双方会同签封

D. 申请出入境检验检疫机构签封，一般以相同的样品一式三份，经审核后签封，买卖双方各执一份，另一份由出入境检验检疫机构留存，供今后检验时对照

4. 在确认样完成前，通常还要准备和处理（　　）样品。

A. 宣传推广样　　B. 参考样　　C. 修改样　　D. 产前样

5. 样品的跟踪方式主要有（　　）。

A. 询问样品是否顺利到达。体现了对客户的重视程度和外贸服务技能，避免被客户忘记

B. 以质量检测报告跟进客户端的样品进展情况（准入测试、终端用户使用体验、参展效果等）

C. 跟踪客户反馈意见。包括客户对样品的评估，想办法请客户给出具体满意或不满意的说明

D. 以上三项都不是

6. 以下订单形式不具备法律效力的有（　　）。

A. 合同　　B. 确认书　　C. 备忘录　　D. 意向书

7. 根据我国《合同法》的规定，除非另有规定，当事人订立合同的形式可以采用（　　）。

A. 口头形式　　B. 书面形式　　C. 其他形式　　D. 以上任何形式均可

8. 跟单员在审查货物的品名条款时，应注意下列（　　）事项。

A. 内容是否明确、具体，避免空泛、笼统的规定

B. 该货物是否是企业能够供应且买方需要的商品，凡做不到或不必要的描述性的词句都不应列入品名条款

C. 是否使用国际上通用的名称，若使用地方性的名称，交易双方是否事先就其含义达成共识

D. 是否选用了合适的品名，以便降低关税、方便进出口和节省运费开支

三、判断题

1. 对棉花、羊毛等商品一般采取公量计算其总量。（　　）

2. 在出口贸易中，表示商品品质的方法有很多，为了明确责任，最好采用凭样品买卖又凭规格买卖的方法。（　　）

3. 合同的成立和生效必须采用书面形式，任何形式的电报或电传、电子邮件等，都不足以构成订单。（　　）

模块四　生产跟进与协调

学习目标

知识目标：

1. 通过本模块的学习，掌握原材料、零部件、辅料的采购跟单，了解生产进度质量检验的跟单和质量控制跟单的要点，能够识别生产过程中品质监控的主要环节；

2. 了解“精细管理”“JIT 管理”“看板管理”等质量管理知识，掌握调整和控制生产进程的基本知识；

3. 掌握外包（外协）的需求判断，外包跟单要点，收货要点。

技能目标：

1. 能够准确界定跟单员工作，能够分清生产企业跟单与外贸企业跟单的区别，能够从心理和知识层面做好跟单员准备；

2. 会制作采购订单，能够协助生产管理者制订生产计划，关注每日的生产进程，跟踪生产过程，及时发现潜在误单风险，掌握生产计划的制订和调整方法以及跟踪生产进程的方法；

3. 能够判断企业外包的必要性和条件，了解外包的发料与换料，能够完成外包产品的收货检验；

4. 能够掌握按时交货的方法并分析异常情况，协调工厂管理者提出处理意见。

任务一　原材料采购

任务导入

应届毕业生李晓华，成功应聘到外贸公司做外贸跟单员，刚入职不久，就和李师傅接到加拿大客户一订单，虽公司生产能力不足，但通过师徒二人的努力，选择了适合的生产企业。在生产的过程中，李晓华需要协助李师傅做哪些工作才能保证公司按时、按质、按量交货？

相关知识

原材料采购是生产前必经的准备环节，涉及采购的概念、原材料采购的基本要求、原材料采购中经常出现的问题及原材料采购催单的原因和方法等。

一、采购的概念

采购（Procurement）有两层基本含义：一层为“采”，即选择，是指从许多对象中选择若干个；另一层为“购”，即购买，是指通过商品交易的手段把所选的对象物品从对方手中转移到自己手中的一种活动。因此，所谓的采购是指在一定的时间、空间条件下通过交易手段，实现从多个备选对象中选择购买能够满足自身需求的物品的企业活动过程。从这一定义中，可以看出采购包含如下要点。

（1）采购是一种交易行为。

（2）采购的实现需具备一定的条件。

（3）采购的过程是一个选择的过程。

（4）采购的目的是满足自身的需求。

（5）采购过程是商流、物流、信息流的有机统一，离开了任何一个流程都无法正常进行。

二、原材料采购的基本要求

原材料采购的基本目标是在确保适当质量的前提下，能够以适当的交割价格，在适当的时期从适当的供应商那里采购到适当数量的企业生产所需的原材料。因此，原材料采购跟单的基本要求包括适当的交货时间、适当的交货质量、适当的交货地点、适当的交货数量及适当的交货价格。

对于原材料采购方而言，选择的供应商是否合适会直接影响采购方的利益，如数量、质量是否有保证，价格是否降到最低，能否按时交货等。供应商的选择，主要应考察供应商的整体实力、生产供应能力及信誉等，以便建立双方相互信任的长期合作关系，实现采购与供应的“双赢”战略。在选择了合适的供应商的基础上，原材料采购跟单还需达到以下几个基本要求。

1. 适当的价格（Right Price）

适当的价格是指在市场经济条件下，对企业及供应商双方均属适当，并且要与市场竞争、交货质量、交货时间及付款条件相称的价格。价格永远是采购活动中敏感的焦点，企业在采购中最关心的要点之一就是能节省多少采购资金，因此跟单员应该把更多的时间与精力放在价格谈判上。物品的价格与该物品的种类、是否长期购买、是否大量购买及市场供求关系有关，同时与跟单员对该原材料市场状况的熟悉程度也有关，如果跟单人员不能把握市场情况，就很容易在价格方面吃亏。要获得一个合适的价格，往往经过以下几个环节的努力。

（1）多渠道获得报价。这不仅要求有渠道供应商报价，还应该要求一些新供应商报价。企业与某些现有供应商的合作可能已达数年之久，但它们的报价未必是最优惠的。获得多渠道的报价后，企业就会对该物品的市场价有一个大体的了解，并进行比较。

（2）比价。由于供应商的报价单中所包含的条件往往不同，故跟单人员必须将不同供应商报价中的条件转化一致后才能进行比较，只有这样才能得到真实可信的结果。

（3）议价。经过比价环节后，筛选出价格最适当的2～3个报价环节，进一步深入沟通，这不仅可以将详细的采购要求传达给供应商，而且可进一步“杀价”。供应商的第一次报价往往含有“水分”，但如果采购物品为卖方市场，即使是与供应商面对面地议价，最后所取得的实际效果也可能要低于预期。

（4）定价。经过上述三个环节后，买卖双方均可接受的价格便作为日后的正式采购价。一般需保留2～3个供应商的报价，当然，这2～3个供应商的价格可能相同，也可能不同。

2. 适当的质量（Right Quality）

为了保证企业产品的质量，首先应该保证所采购的材料的质量满足企业生产的质量要求，保证质量应该做到“适当”。一方面，如果产品质量过高，会加大采购成本，同时造成功能过剩；另一方面，所采购原材料等的质量太差，就不能满足企业生产对原材料品质的要求，最终影响到产品的质量。如果原材料的质量达不到企业使用要求，会给企业带来严重的后果。

（1）会导致企业内部相关人员花费大量的时间与精力去处理，增加管理费用。

（2）会导致企业在重检、挑选上花费额外的时间与精力，造成检验费用增加。

（3）会导致生产线返工增多，降低产品质量与生产效率。

（4）会导致企业生产计划推迟，并有可能不能按承诺的时间向客户交货，从而降低客户对企业的信任度。

（5）会引起客户退货，造成企业蒙受严重损失，严重的还会导致客户的流失。

3. 适当的数量（Right Quantity）

批量采购虽有可能获得数量折扣，但会积压采购资金，而数量太少又不能满足生产需要，故合理确定采购数量相当关键。一般按经济订购量采购，跟单员不仅要监督供应商准时交货，还要强调按订单数量交货。

适当的数量是指供应商每次交来的原材料刚好够企业使用，不用产生更多的库存。采购数量适当，就不会或很少产生仓库库存，从而节省仓储费用，避免装卸费用的增加；采购数量适当，就不会发生因产品设计变更或采用替代材料时出现库存待料，既节省材料又不会使仓储费用持续发生。

4. 适当的时间（Right Time）

如果企业已安排好生产计划，而原材料未能如期到达，往往会引起企业内部混乱，即停工待料；当产品不能按计划出货时，会引起客户的强烈不满；若原材料提前太多时间买回来放在仓库里等着生产，又会造成库存过多，大量积压采购资金。因此，跟单员要扮演好协调者与监督者的角色，促使供应商按预定时间交货。

5. 适当的地点（Right Place）

天时不如地利，企业往往容易在与距离较近的供应商的合作中取得主动权，因此企业在选择试点供应商时最好选择近距离的。近距离供货不仅使得买卖双方沟通更为方便，处理事务更快捷，亦可降低采购物流成本。越来越多的企业甚至在建厂之初就考虑到供应商的“群聚效应”，即在周边地区能否找到企业所需的大部分供应商，这对企业长久发展有着不可估量的作用。

只要离企业近，方便企业装卸运输的地点都是适当的交货地点。跟单员应该重点选择离企业近、交通方便的供应商。

三、原材料采购中经常出现的问题

在原材料跟单工作中，跟单员要事先预计到可能发生的问题，其关键环节主要在原材料供应商、采购方企业的控制方面。

1. 原材料供应商方面的原因

原材料供应商方面的原因主要包括以下几个方面。

（1）管理能力方面。生产交货时间计算错误；生产、采购进程管理不健全；质量管理不到位；对再转包管理不严；交货期责任意识不强。

（2）生产能力方面。超过产能接单；临时急单插入；小批量订单需合起来生产；需调度的材料、零配件采购延迟、生产量掌握不准确；不合格品产生较多。

（3）技术能力方面。超过技术工艺标准接单；对新下单产品不熟悉；机器设备故障率高。

（4）其他方面。员工工资低造成工作不努力；春节期间员工流动性大，节后招工不足；企业经营业绩不佳，经营者考虑调整经营方向等。

2. 采购方企业方面的原因

（1）采购方对原材料供应商的生产能力或技术能力调查不够深入，出现原材料供应商选定失误。

（2）采购方提供材料、零部件给生产方加工的供应延迟，造成生产方下道工序延误。

（3）采购方与供应商沟通存在问题，采购单或指示联络事项阐述不清，指示联络不切实际，单方面指定交货期，业务手续不全造成工作耽误。

（4）采购方对供应商生产工艺等技术指导、图纸接洽、变更说明等不到位，质量要求不明确，造成产品交货不符合要求。

（5）跟单员经验不足，确保交货期意识不强，未能掌握供应商产能的变动，对进度掌握与督促不够。

四、原材料采购催单的有关问题

（一）原材料采购催单的原因

催单的目的是使供应商在必要的时候送达所采购的物料，降低企业的经营成本。

1. 供应商方面的原因

由于供应商方面的原因造成交货不及时，而使我们必须跟催的原因有：①企业超过产能接单和超过技术水准接单；②由于企业生产管理不良，质量管理不充分，而造成不合格品增多；③企业员工工作效率低，不能完成订单。

2. 企业方面的原因

由于企业自身的失误，而导致必须催单的原因有：①由于对供应商的产能和技术调查不足而导致对供应商的选定有误；②企业没有把对品质的要求向供应商讲清楚；③企业对供应商的生产进度掌握不够，督促不力；④选择的供应商离企业过远。

3. 沟通方面的原因

企业和供应商之间，没有进行及时的信息交换，从而导致原材料供应不及时。

（二）原材料采购催单的方法

催单的方法主要有按采购单跟催和定期跟催两种。

1. 按采购单跟催

按采购单跟催是指比采购单预定的进料日期提前一定时间进行跟催。主要方法有：

（1）联单法。将采购单按日期顺序排列好，提前一定时间进行跟催。

（2）统计法。将采购单统计成报表，提前一定时间进行跟催。

（3）跟催箱法。制作一个 31 格的跟催箱，将订购单依照日期顺序放入跟催箱，每天跟催相应的订单。

2. 定期跟催

在每周固定的时间，将要跟催的订单整理好，打印成报表，并定期统一跟催。

（三）催单的规划

1. 一般监控

跟单员在下达采购单或签订采购合同时，就应决定监控的方法。倘若采购的原材料为一般性、非重要性的商品，则做一般的监控即可，通常仅需要注意是否能按规定的期限收到检验报表，有时可用电话查询实际进度。但若采购的原材料较为重要，可能影响企业的营运，则应考虑另作周密的监控。

跟单员要了解实际进度，可从供应商的进度信息中获得，如供应商的进程管理信息、生产简报中的信息、供应商依约定送交的定期进度报表等，或者直接去供应商企业了解。

2. 预定进度管理时间

对于较重大的业务，跟单员可在采购单或采购合同中明确规定，供应商应编制预定进程进度表。此项内容可在报价说明中或招标须知中列明，并应在采购单或采购合同中明确约定。

3. 生产企业实地考察

对于重要原材料的采购，除要求供应商按期递送进度表外，跟单员还可以前往供应商生产企业进行实地考察。此项考察，应在采购单内明确约定，必要时可派专人驻厂监督。

（四）催单的工作要点

跟单员要进行有效的催单，就必须做好采购管理的事前规划、事中执行与事后考核。

1. 事前规划

（1）确定交货日期及数量。

（2）了解供应商生产设备利用率。

（3）供应商提供生产计划表或交货日程表。

（4）加强供应商的原材料及生产管理。

（5）准备替代来源。

2. 事中执行

（1）了解供应商备料情形。

（2）买方提供必要的材料、模具或技术支援。

（3）了解供应商的生产效率。

（4）买方加强交货前的催单工作。

（5）对交货期及数量变更及时通知。

（6）买方尽量减少规格变更。

3. 事后考核

（1）对交货延迟的原因进行分析并做好应对措施准备。

（2）分析是否需要更换供应商。

（3）执行供应商的奖惩办法。

（4）完成交易后将剩料、模具等收回处理。

任务二　原材料采购跟单

任务导入

通过上一任务，李晓华了解了怎样协助李师傅从宏观上做好生产前的准备，生产过程的监控和生产后的善后处理工作，只有做好了上述工作才能保证公司按时、按质、按量交货。当前，急需采购原材料，李晓华需要协助李师傅做哪些工作呢？

相关知识

原材料采购跟单是指跟单员按采购订单所载明的物料、品名、规格、数量及交货期进行跟踪，其目的是为了协助满足企业生产活动对原材料的需求，在必要的时候获得必要的物料，以避免停工待料。本项目所提到的原材料是需要在国内企业采购的原材料、零部件、辅料等。

一、原材料采购跟单流程

原材料采购跟单流程如图 4－1 所示。

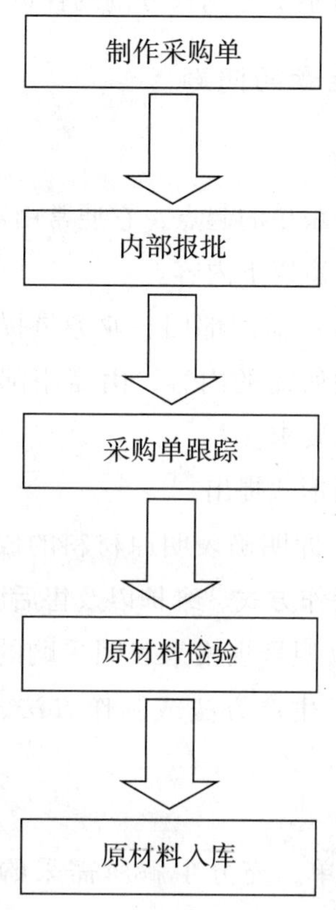

图 4－1　原材料采购跟单的流程

二、制作采购单

跟单员接到所需部门的采购申请单后，要在其基础上制成采购单传给供应商。采购单是原材料采购跟单的重要依据之一，是双方交货、验收、付款的依据。

（一）采购单的内容

采购单的主要内容包括以下方面。

（1）交货方式。新品交货附带备用零件、交货时间与地点等规定。

（2）验收方式。检验设备、检验费用、不合格品的退换等规定，超交或短交数量的处理。

（3）处罚条件。延迟交货或品质不符的扣款、赔偿处理或取消合约的规定。

（4）履约保证。按合约总价百分之几退还或没收的规定。

（5）品质保证。保修或保修期限，无偿或有偿换修等规定。

（6）仲裁或诉讼。买卖双方的争议，仲裁的地点或诉讼的法院。

（7）其他。如卖方保证买方不受专利权分割的控诉。

（二）制作采购单时需注意的问题

1. 审查采购请购单（申请单）

请购单的发出是原材料采购跟单的起点，它通常由需用部门、业务员制作。

跟单员在审查请购单时应注意以下内容。

①适当的采购人员。一般应由需用部门、业务员提出采购内容和要求。因为只有需用部门、业务员才最清楚采购所需的内容，由需用部门、业务员提出采购，最能准确表达各项原材料采购的内容和要求。

②原材料采购申请应以书面形式提出。

③确定原材料要求的内容。即明确表明原材料的成分、尺寸、形状、强度、精密度、耗损率、合格率、色泽、操作方式、维护以及售后服务的速度、次数、地点等。

④要表明采购的标准。要以型号规格来表明采购的标准，包括厂牌或商标、形状或尺寸、化学成分或物理特性、生产方法或制作方法、市场等级、标准规格、样品、图纸、性能、效果、用途等。

2. 熟悉订购的物料

首先，跟单员应熟悉请购单，充分了解所需采购原材料的内容及要求。其次，跟单员应该对采购环境有一定的了解，因此必须花一定时间去了解原材料采购技术等。最后，原材料采购的难易程度有所不同，有的原材料可能需要到境外采购。必须注意，虽然到境外采购的原材料可能质量会更好，价格也可能会比国内更低，但是境外采购所涉及的环节比较多，手续也比较复杂，跟单员的跟单工作难度会相应增加。

3. 价格确认

价格是原材料采购中的敏感问题，因为原材料的价格直接影响产品的价格。作为一名合格的跟单员，应该对原材料采购的价格负责任。跟单员应该多渠道地寻找供应商，“货比三家”，从中选取最佳供应商。

4. 确认质量标准

原材料的质量直接影响产品的质量，所以跟单员必须认真检查所采购原材料的质量，确保原材料符合对外合同的要求。

5. 确认物料需求量

原材料的采购数量应与对外合同、订单总量相匹配，或者稍少于对外合同订单总量。跟单员要对需求部门或业务员的原材料采购量进行复核，如发现错误，应及时提出并进行弥补。

6. 制作采购单

企业的原材料采购单常用于有长期合作关系的供应商。对于新发展的供应商，一般需要双方在初次合作时做一个总采购合同，明确一系列交易行为。在初次合作成功后，一般就转用采购单的形式。

7. 发出采购单

将要采购的物料名称、规格型号、数量、价格及交货期等表达清楚。采购单经审核无误后发给供应商，并要求供应商签字回传。

三、采购单跟踪

采购单跟踪包括跟踪加工工艺、跟踪原材料、跟踪加工过程、跟踪组装检测、跟踪包装入库。对于有长期合作关系且信誉好的供应商可以不进行跟踪；对于初次合作的供应商，跟单员应花时间和精力全程跟踪一些重要或紧急的原材料的采购单。

1. 跟踪加工工艺

原材料生产加工工艺是进行加工生产的第一步，因此跟单员对任何外协件的采购单都应跟踪供应商的加工工艺，如果发现供应商没有相关的加工工艺和能力，或加工工艺和能力不足，应及时提醒供应商改进，并提醒供应商如果不能保质、保量、准时交货，则要按照采购单条款进行赔偿，甚至取消以后的采购。

2. 跟踪原材料

备齐原材料是供应商执行工艺流程的第一步，有时供应商会说谎，因此跟单员必须进行实地考察以了解实际情况。如发现事实情况与供应商所述不符，跟单员要及时提醒供应商备齐原材料。跟单员对一些信誉比较差或初次合作的供应商要提高警惕，及时跟踪原材料的准备情况。

3. 跟踪加工过程

跟单员应跟踪原材料的生产加工过程，尤其是对货物的生产质量以及生产进度进行监控，这样才能保证原材料按期、按质交到企业手中。另外，有些原材料加工过程的质检工作需要跟单员参加，跟单员在质检小组中要起到有力的监督作用，全力保障货物的质量，以维护企业的利益。

4. 跟踪组装检测

在采购产品零部件时，有的零部件需要组装，因此必须进行组装检测。在这一环节中，跟单员同样需要发挥监督的作用。如果跟单员因为技术及专业经验原因，无法对组装检测效果进行有效监督，可以请相关技术人员提供技术支持。

5. 跟踪包装入库

包装入库环节是整个原材料跟踪环节的终点，跟单员应及时向供应商了解原材料最终完成的包装入库信息。对于一些重要的原材料，跟单员应去供应商的仓库查看。

四、原材料检验

1. 确定检验日期

一些原材料、大型零部件，需要跟单员到供应商现场检验；有些原材料，如电子元器件、轻小型物品，供应商可把原材料、零部件送至采购方检验。跟单员应与供应商商定检验日期及地点，以确保较高的检验效率。

2. 通知检验人员

对有质量检验专业人员的企业，跟单员应主动联系质量检验专业人员一同前往检验地点进行原材料、零部件的检验。没有质检专业人员的企业，跟单员除了要掌握产品的检验方法外，还要通知供应商要求质量管理人员共同参与。安排检验时要注意原材料、零部件的轻重缓急，紧急原材料、零部件要优先检验。

3. 进行物料检验

对于一般原材料，采用正常的检验程序；对于重要的原材料或供应商在此原材料供应上存在质量不稳定问题的，则要严加检验；对不重要的原材料，或者供应商在此原材料供应上质量稳定性一直保持较好的，则可以放宽检验。原材料的检验结果分为两种，即合格材料和不合格材料。不合格材料的缺陷种类有致命缺陷、严重缺陷和轻微缺陷。检验结果应以数据检测以及相关记录描述为准。

4. 处理检验问题

对于有严重缺陷的原材料，跟单员应该要求供应商换货；对于有轻微缺陷的原材料，跟单员应与质量管理人员、设计工艺人员协商，同时考虑生产的紧急情况，确定是否可以代用；对于偶然性的质量问题，跟单员要以正式的书面形式通知供应商处理；对于多次存在的质量问题，跟单员应向企业质量管理部门申请正式向供应商发出质量改正通知书，要求供应商限期改正质量问题；对于出现重大质量问题的，则由采购方企业组织专题会议，参加人员应有设计人员、工艺人员、质量管理人员、跟单员等，负责讨论质量问题的对策，确定原因是出于设计方案的问题还是供应商的问题，前者要修改设计方案，后者要对供应商进行处理，包括扣款、质量整改、降级使用、取消供应商资格等。

五、物料进仓

1. 协调送货

送货时间需要跟单员与供应商沟通协调确定，如果供应商在没有得到采购方许可的情况下送货，则会导致跟单操作过程的混乱，以及仓储费用增加等情况的产生；如果跟单员没有和供应商协调以确定准确的送货时间，则可能导致“原材料不能按期到达”的后果。

2. 协调接收

在供应商送货前，跟单员一定要协调好仓库部门的接收工作，否则会使供应商送货员及运输车辆等待较长时间，甚至会使原材料被拉回供应商所在地。

3. 通知送货

跟单员在经过以上两项工作（协调送货、协调接收）后，即可通知供应商送货，供应商得到送货通知后，应立即组织专职人员进行处理，将原材料送至指定仓库。跟单员在特殊情况下，如得到公司通知此项原材料所属产品已经停产，并且没有任何产品能够使用此项原材料，那么跟单员应立即通知供应商停止送货活动，由公司与供应商商谈相应的赔偿事宜。

4. 物料入库

原材料入库前的验收工作，是企业把好采购质量关的重要环节。原材料的验收必须采用科学的检验手段和合理的验收方法。对该货物的品种、规格、数量、质量和包装进行全面的验收，以便了解所采购原材料的实际到货情况。

原材料的库房接收过程如下。

（1）检查即将送达的货物清单信息是否完整（包括原材料的采购单、型号、数量等）。

（2）接收原材料，对采购单进行核查。

（3）检查送货单据及装箱单据。

（4）检查包装与外观，注意原材料检验合格后才能卸货。

（5）卸货。

（6）清点原材料。

（7）搬运入库。

（8）填写“原材料入库单据”，注意原材料检验合格后才能填写原材料入库单。

（9）将原材料入库信息录入并存储于信息系统中。

5. 处理接收问题

由于供应商或者跟单员方面的原因，可能导致原材料在接收环节上出现以下问题。

（1）原材料型号与采购单中的要求不一致。

（2）未能按照采购单中指定的数量送货。

（3）未能按照采购单中指定的交货时间交货。

（4）原材料的包装质量不符合要求等。

如果遇到这些问题，跟单员应协同相关领导一同解决，处理问题的方法要现实。

【案例1】制作采购单

要求：

1. 审查采购申请。

2. 制作采购单（见图4－2）。

3. 原材料进货检验。

采购单

采购单编号：______

____年____月____日

供应商：______

请供应以下产品：

型号	品名、规格	单位	数量	单价	金额	备注
合计	___万___仟___佰___拾___元___角___分					

1. 交货日期：□____年____月____日以前一次交清。

□分批交货，交货时间______，数量要求：______。

2. 交货地点：______。

3. 包装条件：______。

4. 付款方式：______。

5. 不合格产品处理：______。

6. 如因交货误期、规格不符、质量不符合要求造成本公司的损失，卖方负赔偿责任。

7. 如卖方未能按期交货，逾期____天时，本公司有权自行取消采购单或对卖方罚款____元/天。卖方必须赔偿本公司因此蒙受的一切损失。

8. 其他：______。

9. 开户行：______账户：______。

地址：______联系电话：______传真：______

联系人：______

图4－2 采购单

任务三 制订生产计划与控制生产进度

任务导入

通过上一任务，李晓华协助李师傅完成原材料购买工作，下一步要组织工厂生产。由于工厂任务比较多，李晓华需要协助李师傅做哪些工作才能保证本批货物按时、按量交付呢？

相关知识

生产进度跟单的基本要求是使生产企业能按订单及时交货，即按时、按质、按量交货。及时交货就必须使生产进度与订单交货期相吻合，尽量做到不提前交货，也不延迟交货，即管理上讲的“JIT”（Just－In－Time，及时交货）管理。JIT是日本丰田汽车公司创立的一种独具特色的现代化生产方式。它顺应时代的发展和市场的变化，经历了20多年的探索和完善，逐渐形成和发展成为今天的包括经营理念、生产组织、物流控制、质量管理、成本控制、库存管理、现场管理和现场改善等在内的较为完整的生产管理技术与方法体系。

一、生产进度跟单的基本流程

生产进度跟单的基本流程是：下达生产通知单；制订生产计划；跟踪生产进度。

二、生产企业不能及时交货的主要原因

（1）生产企业内部管理不当。如紧急订单插入，生产安排仓促，从而导致料件供应混乱，延误生产交货。

（2）计划安排不合理或漏排。原材料供应计划不周全、不及时，导致停工待料，或是由于原材料在产品生产及加工各工序及转移过程中不顺畅，导致下道工序料件供应延误。

（3）产品设计与工艺变化过多。图纸不全或一直在变动，使车间生产无所适从，导致生产延误。

（4）产品质量控制不好。不合格产品增多，成品合格率随之下降，最后影响成品交货数量。

（5）生产设备跟不上。设备维护保养欠缺，以致设备故障多，从而影响生产效率的提高。

（6）产能不足。外协计划调度不当或外协厂商选择不当、生产分配失误等。

三、跟单员按时交货的跟单要点

（1）加强与生产管理人员的联系，明确生产、交货的权责。

（2）减少或消除临时、随意的变更，规范设计、技术变更要求。

（3）掌握生产进度，督促生产企业按进度生产。

（4）加强产品质量、不合格产品、外协产品的管理。

（5）妥善处理生产过程中出现的异常事物等。

【案例2】生产计划的制订

要求：

1. 熟悉生产进度跟单流程和按时交货的跟单要点，理解生产过程中的主要环节。
2. 了解生产通知单、生产计划表和生产日报表的内容。
3. 熟悉生产计划的制订和调整方法。

四、生产进度跟单流程

生产进度跟单流程如图4－3所示。

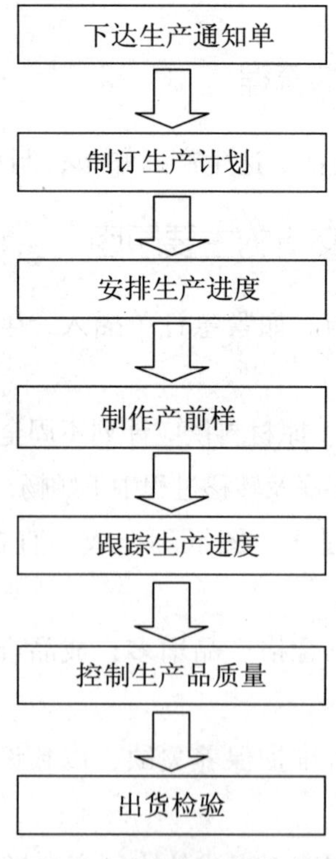

图4－3　生产进度跟单流程

1. 下达生产通知单

加工企业的生产管理部门根据合同有关内容编制下达生产通知单，明确产品的名称、规格型号、数量、包装、出货时间等要求。

2. 制订生产计划

加工企业的生产管理部门应依据生产通知单，及时给生产部门下达生产计划，包括生产、包装、检验和运输等全过程的内容，是实现生产进度控制的有效依据。

3. 安排生产进度

加工企业的制造部门依据生产计划和生产通知单安排各车间的生产进度，并确定各工序的执行等。

4. 制作产前样

大货生产前要使用大货原料和辅料按工艺要求进行试样，由品质管理部门对产前样（Pre－production Sample）进行检验，必要时交客户确认，然后再进行大货生产。

5. 跟踪生产进度

跟单员通过生产管理部门每日的生产日报表统计，了解每天完成的成品数量，对生产进度加以跟踪控制，以确保准时交货。

6. 控制生产品质量

跟单员应不断对品质进行跟踪，向品质管理部门了解加工生产过程中对成品进行检验或测试的情况，并将生产样品（Production Sample）提供给检验部门或客户进行确认，以保证按质生产。

7. 出货检验

跟单员应在出货前对整批加工货物进行抽样检查，并将出货样品提供给检验部门或客户进行确认。如无异议，方可包装出货。

【案例3】跟踪生产进度

要求：跟单员协助企业管理者制订生产计划，并下达生产通知单，以下是通常的企业内部生产通知单（见表4－1）。按照生产计划，跟单员查看每日的生产日报表，监控生产进度，发现异常及时处理。

表4－1　　生产通知单

生产部门							
订单编号							
产品名称							
规格型号							

续表

生产数量								
工艺要求								
质检要求								
包装要求								

使用材料

序号	料号	品名	规格	单位	单机用量	标准用量	损耗率	备注
1								
⋮								
生产方式								
附件								

在转化通知单时，应明确客户所订产品的名称、规格型号、数量、包装、出货时间等要求。跟单员需与生产企业或本企业有关负责人对订单内容逐一进行分解，转化为生产企业的生产通知单内容，在对外交货时间不变的前提下，对本通知单内涉及的料号、规格、标准、损耗等逐一与生产部门衔接。不能出现一方或双方含混不清或任务下达不明确的问题。

生产计划应该每月修订，以三个月计划周期为例，做出完整的生产计划表（见表4－2），月度生产计划表（见表4－3），周生产计划表（见表4－4）。

表4－2 **生产计划表** 年 月 日

项目内容			一月		二月		三月	
品名	型号	规格	批量	数量	批量	数量	批量	数量

厂长： 生产主管： 制表：

表 4－3　　月度生产计划表　　年　月　日

批号	产品名称	数量	金额	生产单位	生产日期	预定出货日期	备注

厂长：　　生产主管：　　制表：

表 4－4　　周生产计划表　　年　月　日

部门、客户、产品		星期一	星期二	星期三	……	星期日
车间甲	客户名称					
	编号					
	品名					
	数量					
	质检要求					
	备注					
车间乙	客户名称					
	编号					
	品名					
	数量					
	质检要求					
	备注					
部门、客户、产品						
出货	客户名称					
	编号					
	品名					
	数量					
	质检要求					
	备注					

厂长：　　生产主管：　　制表：

生产计划是企业生产安排的依据，合理地制订计划是按时交货的依据，跟单员应该协助生产管理人员将订单及时转化为生产计划。生产计划的制订主要依据订单要求、前期生产记录、计划调度以及产能的分析。计划的内容主要包括生产周期、产品规格、使用设备和各销售类别的生产数量。

五、生产进度控制的工作程序

（1）跟单员通过生产管理部门每日的“生产日报表”统计、调查每天的成品数量及累计完成数量，以了解生产进度加以跟踪控制，确保能按订单要求准时交货。

（2）跟单员可利用每日数字同预定生产数字加以比较，看是否存在差异，以追踪记录每日的生产量。

（3）跟单员如发现实际进度与计划进度存在差异，应及时查找原因。如属进度延误导致影响交货期，应追究责任，并要求企业尽快采取各种补救措施，如外包或加班等。

（4）企业采取补救措施后，跟单员应调查其结果是否有效。如效果不佳，跟单员应要求企业采取其他补救措施，直至问题得到妥善解决。

（5）如补救措施无效，仍然无法如期交货，跟单员应及时联络并争取取得境外客户的谅解，并征求延迟交货日期。

六、生产进度控制的重点

生产进度跟单的基本要求是使生产企业能按订单及时交货，即按时、按质、按量交货。按时交货就必须使生产进度与订单交货期相吻合，尽量做到不提前交货，也不延迟交货，即管理上讲的“JIT”及时交货管理。每日查看生产日报表；跟踪生产进度，发现异常情况及时协调处理。

处理前要分析生产企业不能及时交货的主要原因。

（1）生产企业内部管理不当。如紧急订单插入，生产安排仓促，导致料件供应混乱，延误生产交货。

（2）计划安排不合理或漏排。原材料供应计划不周全、不及时，停工待料，在产品生产加工各工序转移过程中不顺畅，导致下道工序料件供应延误。

（3）产品设计与工艺变化过多。图纸不全或一直在变动，使车间生产无所适从，导致生产延误。

（4）产品质量控制不好。不合格产品增多，成品合格率下降，影响成品交货数量。

（5）生产设备跟不上。设备维护保养欠缺，设备故障多，影响生产效率提高。

（6）产能不足且外协计划调度不当或外协厂商选择不当，生产分配失误等。

通过以上分析得出生产进度控制的重点是计划落实及执行情况；机器设备运行情况；原材料供应保障；不合格及报废率情况；任务或特急订单插入情况；各道工序进程；员工情绪及工作态度等。

七、跟单员对异常情况处理的要点

发生各种异常情况，其影响最终体现于生产进度无法按计划进行，需跟单员及时处理，跟单员按时交货的跟单要点如下。

（1）加强与生产管理人员的联系，明确生产、交货的权责。

（2）减少或消除临时、随意的变更，规范设计、技术变更要求。

（3）掌握生产进度，督促生产企业按进度生产。

（4）加强产品质量、不合格产品、外协产品的管理。

（5）妥善处理生产异常事务等。

跟单员在生产过程中要掌握生产中的各种异常情况，并及时进行跟踪监管。通常的生产异常处理方法有：

（1）应排产而未排产。通知相关部门尽快列入排产计划，告知交货期的约定。

（2）应生产而未生产。通知相关部门尽快列入车间日常生产计划，向相关部门发出异常通知，并至少于生产前3天催查落实情况。

（3）进程延迟。通知相关部门加紧生产，查清进程延迟原因，采取对应措施。如果影响交货进度，进程延迟较严重，则要发出异常通知，并要求相关部门给予高度重视。跟单员应每天催查生产落实情况。

（4）应入库而未入库。查清未入库原因，采取对应措施，通知相关部门加班生产。

（5）应完成而未完成。发出异常通知，要求采取措施尽快完成。

（6）次品、不合格产品增多。通知相关部门检查设备性能是否符合要求，检查模具、工艺是否符合要求，检查装配流程是否正确，增补生产备料及增补生产指令。

（7）补生产。进行成品质量抽查或检查，发出新的补生产指令。

任务四　外包（协）跟单

任务导入

李晓华协助李师傅备齐原材料，下达了生产通知单，制订了周密的生产计划，产前样已经生产出并寄往国外客户，正等待客户确认。这天突然接到片区内停电3天的通知，交货期非常紧张，通过测算，来电后机器24小时运转也很难保证交货。这种情况下，师徒二人该怎么办？

相关知识

一、外包（协）

外包（协）（Outsourcing）一词直译为“外部资源”，指企业整合利用其外部最优秀的专业化资源，从而达到降低成本、提高效率、充分发挥自身核心竞争力和增强企业对环境的应变能力的一种管理模式。

企业将一部分生产任务外包至其他生产企业时，需要派出跟单员进行产品质量和交货期的跟踪，以确保产品能按质、按量、按时地完成。跟单员在跟单过程中，产品的质量是至关重要的一个环节。

外包（协）的主要流程如图 4－4 所示。

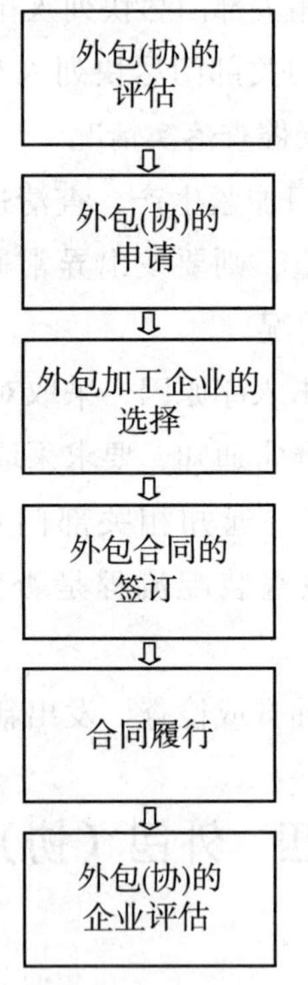

图 4－4　外包（协）的主要流程

以下重点介绍对外包（协）作业的评估。

（1）下列情况应该避免进行外包（协）作业。

①原材料较为贵重，不适宜进行外包（协）作业；

②原材料或成品在运输过程中，极易破损或变质；

③原材料或成品的体积（或重量）过大，会造成高额的运费；

④外包（协）数量太少，金额过小，而管理成本过高；

⑤外包（协）的成本与自制成本相差无几。

（2）下列情况不应该采取外包（协）作业。

①有可能泄露本企业的生产技术或机密；

②外包（协）的交货期不符合本企业的要求；

③外包（协）的品质达不到本企业的要求；

④外包（协）的成本大于本企业生产成本；

⑤成品无法进行检验。

二、外包（协）的原因

一般来说，企业外包（协）的原因主要有以下方面。

（1）产能。生产负荷大于实际产能，必须通过外包（协）才能完成生产任务。

（2）成本。自制成本大于外包（协）成本。

（3）品质。外包（协）可以获得较佳的品质。

（4）技术。依靠本企业的现有技术水平无法解决。

（5）设备。本企业的设备无法解决或本企业无特殊设备。

（6）能源。企业生产期间，突遇电力等能源动力短缺等情况。

（7）知识产权。本企业没有生产某一商品的专利许可证。

上述原因中，有的是企业内部的原因（如产能、成本、设备、技术等），而有的则是企业外部的原因（如能源动力等），即发生了意想不到的变化，导致生产进度的耽搁，从而可能导致交货期的延误。为了保证按时交货，企业需要寻求其他生产企业的帮助，即将一部分生产任务外包至其他生产企业，从而使企业在短时间内有效扩大生产能力，最终完成交货任务。

三、外包（协）的形式

1. 包工包料

包工包料也称为成品外包（协）。即将整个成品的生产任务外包（协）至其他生产企业，生产企业不仅负责采购原材料、辅料等生产资料，而且要按发包方的工艺要求组织生产加工，发包企业按事先商定的标准进行验收并支付货款。

2. 包工不包料

由外包（协）企业提供原材料、辅料、模具等生产要素，其他生产企业只负责生产加工，收取加工费（俗称“工缴费”）。

无论是包工包料还是包工不包料，发包企业都需要派出跟单员到生产企业进行跟单，跟踪质量和交货期。

【案例4】领（发）料管理

要求：在“包工”的外包（协）业务中，外包企业必须提供原材料和辅料。一般的供料过程如下：

（1）签订外包（协）加工合同。

（2）根据生产工艺单或排料图（单）耗料量发放原材料和辅料，并填写“领（发）料单”（见表4-5），需有签收记录。

（3）对于残次、边角料、剩余料的主、辅料必须实行“坏一换一”制度。

表4-5　　　　领（发）料单

日期：

编号：

序号	外包（协）加工合同号	品名	规格和颜色	计量单位	数量
加工企业				签收人	

本表一式五联（仓库留存联、财务联、随货同行联、统计联、收货人联）

外包企业领料人签字：____________　发包企业发料人签字：____________

四、外包（协）的注意事项

（1）针对外包（协）加工企业送回的成品在入库前，要进行检查并做记录。一般而言，跟单员在外包（协）加工企业跟单时，应该对其生产过程和生产商品的质量进行全程跟踪，发现问题必须在外包（协）加工企业及时解决，从而在生产商品入库时只要清点数量即可。

（2）外包（协）加工企业的管理如同本企业的生产管理一样，要对原材料、辅料的入库和成品的出库进行定期盘点，以使账物相符。

（3）选择外包（协）生产企业时，除了考虑其加工生产能力、加工生产设备、员工素质、质量意识和控制手段、信用度外，还要考虑以下问题。

①价格。外包（协）价格高低对企业的利润影响很大，在“包工包料”和“包工”的价格中，在不影响成本的前提下，尽可能采用“包工”的价格为妥，这是因为

如果“包工包料”会涉及花费时间确认原材料的问题，从而影响交货的时间。

②交期。在确定交期时，要有适当的提前时间，预留的时间主要是考虑到办许可证/配额、商检（客检）、报关等所需的时间。

③数量。要视外包（协）生产企业的生产能力，决定给予相当（或略低）的生产数量。

④交易条件。如交货地点、运输方式、包装方式、付款方式、违约责任等。

（4）在确定外包（协）加工企业后，需要按照外包（协）的方式不同而与外包（协）加工企业签订不同内容的合同，并对违约责任予以明确。如果将签订外包（协）合同看成完成生产任务的基础，那么合同的履行是完成生产任务的保障。在合同的履行期间，委托加工方要派出跟单员跟踪生产任务的完成情况。在完成本次外包（协）的跟单任务后，跟单员必须整理资料，交公司归档，同时要对本次外包（协）进行总结，以便于再有类似订单时，迅速选择外包（协）加工企业。

任务五　生产过程质量控制

任务导入

李晓华协助李师傅备齐原材料，下达了生产通知单，制订了周密的生产计划，产前样已经生产出并寄往国外客户，正等待客户确认，有天突然接到片区内停电3天的通知，交货期非常紧张，通过测算，来电后机器24小时运转也很难保证交货。在这种情况下，工厂马上组织自行发电，使一部分机器运转起来，另外通过评估，找了一家生产企业委托加工生产，由于交货期比较急，生产完工后，发现了一些质量问题，影响交货。师徒二人在生产过程质量控制方面需要注意什么问题？不合格产品如何处理？

相关知识

一、制造过程质量监控要求

（1）制订生产制造过程质量监控计划，对影响质量的因素（人、机、料、法、测、环，即Man，Machine，Material，Method，Measurement，Environment，简称5M1E）进行有效控制。

（2）实施工序能力验证，保证各个环节的工序质量处于受控状态，包括原材料、辅料质量控制；公共设施和环境条件等要素的控制；工艺文件的质量控制，如操作规程、守则、工艺过程卡等。

（3）有效地控制生产节奏，严格贯彻按时交货理念，必要时加班抢单，拒绝插单，及时处理质量问题。

二、生产过程质量控制的内容

（一）生产过程的质量控制

以服装生产为例，生产过程的质量控制表明整个服装生产流程中，质量监控环节的设置。服装生产流程主要包括四大关键环节，即工艺设计—剪裁—缝纫—包装，质量监控贯穿整个生产过程，并设置在影响质量的关键环节。如图4－5、图4－6、图4－7、图4－8所示。

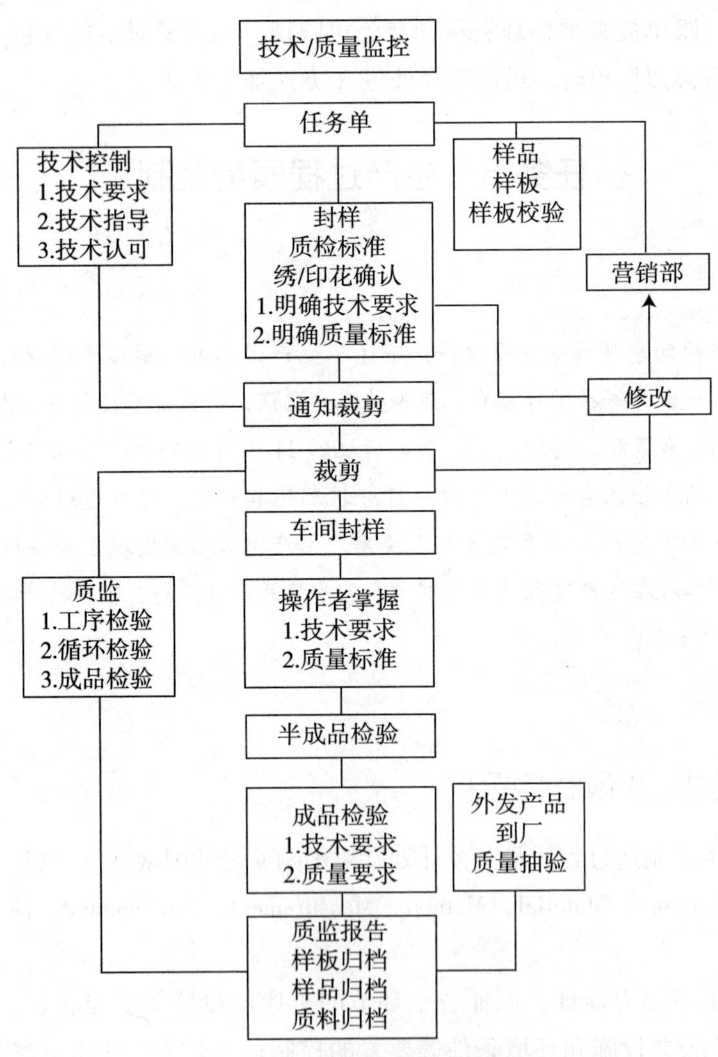

图4－5　服装生产过程的质量监控

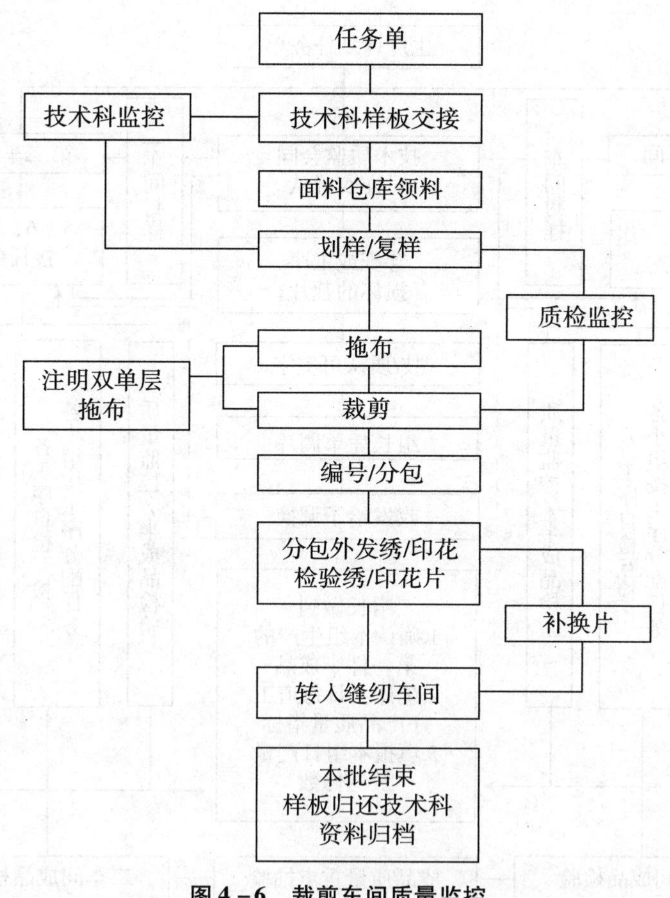

图 4-6 裁剪车间质量监控

从图中可以看到，在各个生产流程中的关键点，都设有质量检验环节。

跟单员应会同生产企业质量管理部门对企业生产过程进行质量监控，在各个生产流程的关键点中，都设有质量检验环节，确保各关键环节的质量达到要求，最终生产出合格的产品。生产过程质量控制的内容包括：工艺准备的质量控制、生产过程的质量控制、辅助服务过程的质量控制。产品质量检验活动有三种类型：进货检验、工序检验和完工检验。检验活动推行“三检制”，即自检、互检和专检相结合，操作工人自己检验，上下工序工人互相检验和专职品管员监督检验相结合。建立产品质量标识和可追溯性制度，对保证产品检验的准确性，分析质量问题的原因和采取补救措施均有帮助，是质量管理体系的要点。监督不合格产品，包括不合格产品的标识、记录、评价、隔离和处置，通知有关职能部门进一步处理。

最终产品的检验，除特殊需要全数检验的情况外，一般采用抽样检验。

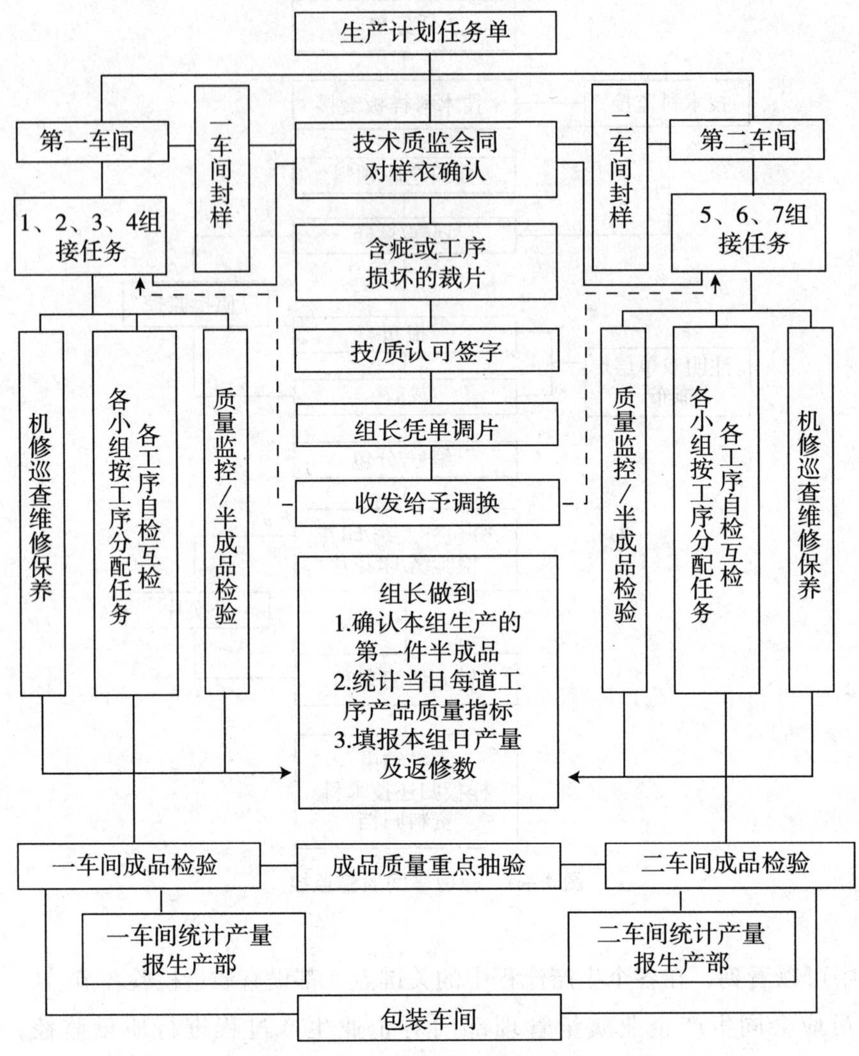

图 4－7　缝纫车间的生产流程和质量监控

（二）生产过程中产品质量检验活动的类型

产品质量检验活动有三种类型，即进货检验、工序检验和完工检验。服装生产的检验过程可分为生产前期检验、生产初期检验、生产中期检验和生产尾期检验。

进货检验主要针对原材料、辅料、外购件、外协件及配套件的采购验收，主要分首（件）批检验和成批进货检验两种。工序检又称过程检，主要有首件检、循环检和末件检三种形式。完工检又称最终检，是检验活动中最重要的检验，要严格控制不合格品进入下道程序或出厂，所以是保证质量活动的最重要内容。

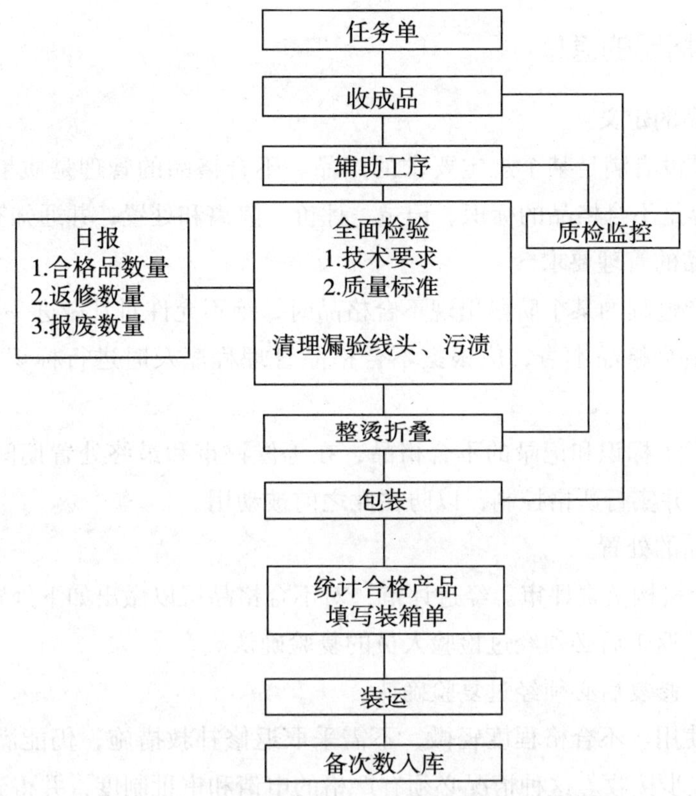

图 4－8　包装车间的生产流程和质量监控过程

三、质量检验标识和可追溯性

建立产品的质量标识和可追溯性制度是质量管理体系的要求，对保证产品检验的准确性，以及分析质量问题的原因和采取补救措施有帮助。标识和可追溯性的目的有两个：一是便于标识产品，防止混料、误发和误用；二是便于通过标识及其相关记录实现产品质量的追溯。

产品质量检验标识的方法和要求如下。

（1）标识的内容一般有产品的型号、件号、名称、规格和厂名、商标，大批量生产的产品，可有批次号、生产的日期等。

（2）标识的形式一般有粘贴标签、挂标牌、打钢印、记号笔手写、喷墨射印、电笔刻蚀和形码等，也可采用随行文件（如流转单）的方式。

（3）质量检验标识的部位一般在产品上、包装上、料架上、专用手推车上、工位器具上和座位上等。

（4）产品质量检验标识必须正确、清晰、牢固。当产品质量检验标识在加工过程中被破坏时，应做好标识移植。

四、不合格品的管理

1. 不合格品的定义

不合格品是没有满足某个规定要求的产品。不合格品的管理是质量控制中的重要问题，主要内容是不合格品的标识、记录、评价、隔离和处置，并通知有关职能部门。

2. 不合格品的管理要求

（1）当生产过程的某个阶段出现不合格品时，绝不允许对其做进一步的加工。

（2）对于不合格品本身，应根据不合格品管理程序及时进行标识、记录、评价、隔离和处置。

（3）对已做了标识和记录的不合格品，在等候评审和最终处置期间，将其放置在特定的隔离区，并实行严格控制，以防在此之前被动用。

3. 不合格品的处置

应通过指定机构负责评审。经过评审，对不合格品可以做出如下处置。

（1）返工。返工后必须经过检验人员的复验确认。

（2）返修。修复后必须经过复验确认。

（3）原样使用。不合格程度轻微，不需采取返修补救措施，仍能满足预期使用要求，而被直接让步接收。这种情况必须有严格的申请和审批制度，并得到用户的同意。

（4）降级。根据实际质量水平降低不合格品的产品质量等级或作为处理品降价出售。

（5）报废。如不能采取上述种种处置时，只能报废。报废时，应按规定开出废品报告。

任务六　产品最终检和验收检

任务导入

东升五金制品厂跟单员李晓华接到旭日电子装配厂送来的一份检查通知书，内容是电子装配厂按订单合同交来保护板100件，请求跟单员李晓华做外协加工来料检查。试想，李晓华该如何操作？

相关知识

一、出口产品质量检验工作职能

（1）鉴别职能。根据检验结果判定产品或零部件是否合格。

（2）把关职能。在产品形成全过程的各生产环节，通过认真的质量检验，剔除不合格品，使不合格的原材料不投产，不合格的过程所加工的零件不转入下道工序，不合格的完工零件不装配，装配不合格的产品不出厂，把住产品质量关，实现把关职能。

（3）预防职能。获得生产全过程的大量数据和质量信息，为质量管理、控制提供依据，控制与管理异常因素。

（4）报告职能。对获得的质量信息、数据和情报，认真记录，及时整理、分析和评价，向有关部门报告产品质量状态，为质量的持续改进和质量决策提供依据。

出口产品检验四项职能相互关联，是一个完整的系统，检验工作的首要职能就是把关，鉴别职能是把关职能的前提，报告职能是把关职能的继续和延伸，在生产全过程进行检验具有预防作用。

二、出口产品质量构成要素

（1）性能。性能指产品满足一定使用要求所具有的功能，包括使用性能和外观性能两类。产品使用性能通过各种技术性能指标（如机械、物理、化学性能指标）来表示。产品造型、款式、色彩等则属于外观性能。

（2）可信性。可信性指产品的可用性及其影响因素、可靠性、维修性和维修保障等性能。可靠性反映产品性能的持久性、精度的稳定性、零部件的耐用性等，常用特征值包括可靠度、故障率、维修度及有效度、平均寿命等。

（3）安全性。安全性指产品在生产、储存、流通和使用过程中，对伤害或损坏的风险按可接受的水平加以限制的状态。

（4）适应性。适应性指产品适应外界环境变化的能力。

（5）经济性。经济性指合理的产品寿命周期费用。对客户来说，就是产品价格和使用费用之和。

（6）时间。时间指在规定时间内满足客户对产品交货期和数量要求的能力，以及满足随时间变化及客户需要变化的能力。

三、出口产品质量检验方式

跟单员使用的检验方式必须与产品的特点、检验的成本等相关联。常见的检验方法如下：

（1）全数与抽样检验。全数检验就是对待检产品100%地逐一进行检验，又称全面检验或100%检验。抽样检验是从一批交验的产品（总体）中，随机抽取适量的产品样本进行质量检验，然后把检验结果与判定标准进行比较，从而确定该产品是否合格或需再进行抽检后裁决的一种质量检验方法。

（2）计数与计量检验。计数检验的计数值质量数据不能连续取值，如不合格数、疵点数、缺陷数等。计量检验的计量值质量数据可以连续取值，如长度、容积、重量、浓度、温度、强度等。

（3）理化与感官检验。理化检验是应用物理或化学的方法，依靠量具、仪器及设备装置等对受检物进行检验。理化检验通常测得检验项目的具体数值，精度高，人为误差小。感官检验就是依靠人的感觉器官对质量特性或特征做出评价和判断。

（4）破坏性与非破坏性检验。破坏性与非破坏性检验是按检验对象检验后的状态特征划分的检验方式。破坏性检验后，受检物的完整性遭到破坏，不再具有原来的使用功能，如寿命试验、强度试验、爆炸试验等。

（5）固定与流动检验。固定检验就是集中检验，流动检验就是由检验人员直接去工作现场检验。

（6）验收与监控检验。验收检验广泛存在于生产全过程，如原材料、外购件、外协件及配套件的进货检验，半成品的入库检验，产成品的出厂检验等。验收检验的目的是判断受检对象是否合格，从而做出接收或拒收的决定。监控检验也称过程检验，目的是判定生产过程是否处于受控状态，以预防由于系统性质量因素的出现而导致不合格品的大量出现。

四、抽样检验方法

抽样检查中的基本术语如下。

（1）批。相同条件下制造出来的一定数量的产品，称为“批”。在5M1E（即人、机、料、法、测、环）基本相同的生产过程中连续生产的一系列批称为连续批；不能定为连续批的批称为孤立批。

（2）单位产品。为满足抽样检查的需要而划分的基本单位称为单位产品。如一个齿轮、一台电视机、一双鞋、一个发电机组等。它与采购、销售、生产和装运所规定的单位产品可以一致，也可以不一致。

（3）批量和样本大小。批量是指批中包含的单位产品个数，以 N 表示。样本大小是指随机抽取的样本中单位产品个数，以 n 表示。

（4）样本和样本单位。从检查批中抽取用于检查的单位产品称为样本单位。而样本单位的全体则称为样本。样本大小则是指样本中所包含的样本单位数量。

（5）合格质量水平（AQL）和不合格质量水平（RQL）。在抽样检查中，认为可以接受的连续提交检查批的过程平均上限值，称为合格质量水平。而过程平均是指一系列初次提交检查批的平均质量，它用每百单位产品合格数或每百单位产品不合格数表示，具体数值需双方协商确定，一般用 AQL 符号表示。在抽样检查中，认为不可接受的批质量下限值，称为不合格质量水平，用 RQL 符号表示。

（6）检查和检查水平（IL）。用测量、试验或其他方法，把单位产品与技术要求对比的过程称为检查。检查有正常检查、严加检查、放宽检查和特宽检查等。当过程平均接近合格质量水平时所进行的检查，称为正常检查。当过程平均显著劣于合格质量水平时所进行的检查，称为严加检查。当过程平均显著优于合格质量水平时所进行的检查，称为放宽检查。由放宽检查判为不合格的批，重新进行判断时所进行的检查称为特宽检查。

（7）两类风险 α 和 β。因抽样检验具有一定的随机性，本来合格的批可能被误判为拒收，这对生产方是不利的，这种概率称为第 I 类风险或生产方风险，以 α 表示；而本来不合格的批，也有可能被误判为可接受，这将对使用方不利，该概率称为第Ⅱ类风险或使用方风险，以 β 表示。

（8）一次抽样方案。一次抽样方案是指由样本大小 n 和判定数组（A_c，R_e）结合在一起组成的抽样方案。A_c 为合格判定数，判定批合格时，样本中所含不合格品（d）的最大数称为合格判定数，又称接收数（$d \leqslant A_c$）。R_e 为不合格判定数，是判定批不合格时，样本中所含不合格品的最小数，又称拒收数（$d \geqslant R_e$）。

【案例 5】

根据任务，东升五金制品厂跟单员李晓华接到××电子装配厂送来的一份检查通知书，内容是收到电子装配厂按订单合同交来保护板 100 件，请求跟单员李晓华做外协加工来料检查。

首先，李晓华取出该保护板的来料加工检查基准书，查出 AQL = 1.5%，检验水平（IL）为Ⅱ，然后李晓华按照下面步骤求出正常检验一次抽样方案。

第一步：在表 4－6 中 $N = 100$ 属于 91～150 范围，其所在的行与检验水平Ⅱ所在的列交叉格中的样本量代码为 F。

表 4－6　　批量范围、检验水平与样本量字码之间关系数

批注	特殊检验水平				一般检验水平		
	S－1	S－2	S－3	S－4	Ⅰ	Ⅱ	Ⅲ
2～8	A	A	A	A	A	A	B
9～15	A	A	A	A	A	B	C
16～25	A	A	B	B	B	C	D
26～50	A	B	B	C	C	D	E

续 表

批注	特殊检验水平				一般检验水平		
	S-1	S-2	S-3	S-4	I	Ⅱ	Ⅲ
51~90	B	B	C	C	C	E	F
91~150	B	B	C	D	D	F	G
151~280	B	C	D	E	E	G	H
281~500	B	C	D	E	F	H	J
501~1200	C	C	E	F	G	J	K
1201~3200	C	D	E	G	H	K	L
3201~10000	C	D	F	G	J	L	M
10001~35000	C	D	F	H	K	M	N
35001~150000	D	E	G	J	L	N	P
150001~500000	D	E	G	J	M	P	Q
500001 以上	D	E	H	K	N	Q	R

第二步：因为要求正常检验一次抽样方案，所以选用表 4-7《GB 2828 正常检验一次抽样方案》进行检索。

第三步：在表 4-7《GB 2828 正常检验一次抽样方案》中，由代码 F 所在行向右，在样本量栏内读出 $n=20$。另外，由代码 F 所在行与规定的 AQL 值 1.5% 所在列的交叉格中，读出 [A_c，R_e] 为 [1/2，1/2]。

因此，所求的正常检验一次抽样方案为 $n=20$，$A_c=1/2$，$R_e=1/2$。其含义为从批量 100 件的交验产品中，随机抽取 20 件样本检验，如果发现这 20 件有 1/2 件以下为不合格品，即全部合格，判为合格批。因为整个保护板不存在 1/2 件不合格品的问题，即如果发现有 1 件以上为不合格品，判为该批产品不合格，予以拒收。

【案例 6】

跟单员李晓华接到某机械工具厂送来的一份交货检查通知书，内容是机械工具厂提前 10 天按合同要求交来出口轴承件 18000 件，请求跟单员李晓华进行交货检查。

首先，李晓华取出该轴承件检查基准书，查出 AQL=1.0%，检验水平（IL）为 I，然后李晓华按照下面的步骤求出正常检验一次抽样方案。

第一步：在表 4-6 中 $N=18000$ 属于 10001~35000 的范围，其所在的行与检验水平 I 所在的列交叉格中的样本量代码为 K。

第二步：因为要求正常检验一次抽样方案，所以选用表 4-7《GB 2828 正常检验一次抽样方案》进行检索。

表 4-7 GB 2828 正常检验一次抽样方案

样本量字码	样本量	接收质量限 4.4ML																									
		0.010	0.015	0.025	0.040	0.055	0.10	0.15	0.25	0.40	0.65	1.0	1.5	2.5	4.0	6.5	10	15	25	40	65	100	150	250	400	650	1000
		A_cR_e	A_cR_e	A_cR_e	A_cR_e	A_cR_e	A_cR_e	A_cR_e	A_cR_e	A_cR_e	A_cR_e	A_cR_e	A_cR_e	A_cR_e	A_cR_e	A_cR_e	A_cR_e	A_cR_e	A_cR_e	A_cR_e	A_cR_e	A_cR_e	A_cR_e	A_cR_e	A_cR_e	A_cR_e	A_cR_e
A	2	⇩	⇩	⇩	⇩	⇩	⇩	⇩	⇩	⇩	⇩	⇩	⇩	⇩	⇩	0 1	1/3	1/2	1 2	2 3	3 4	5 6	7 8	10 11	14 15	21 22	30 31
B	3	⇩	⇩	⇩	⇩	⇩	⇩	⇩	⇩	⇩	⇩	⇩	⇩	⇩	0 1	1/3	1/2	1 2	2 3	3 4	5 6	7 8	10 11	14 15	21 22	30 31	44 45
C	5	⇩	⇩	⇩	⇩	⇩	⇩	⇩	⇩	⇩	⇩	⇩	⇩	0 1	1/3	1/2	1 2	2 3	3 4	5 6	7 8	10 11	14 15	21 22	30 31	44 45	⇧
D	9	⇩	⇩	⇩	⇩	⇩	⇩	⇩	⇩	⇩	⇩	⇩	0 1	1/3	1/2	1 2	2 3	3 4	5 6	7 8	10 11	14 15	21 22	30 31	44 45	⇧	⇧
E	13	⇩	⇩	⇩	⇩	⇩	⇩	⇩	⇩	⇩	⇩	0 1	1/3	1/2	1 2	2 3	3 4	5 6	7 8	10 11	14 15	21 22	30 31	44 45	⇧	⇧	⇧
F	20	⇩	⇩	⇩	⇩	⇩	⇩	⇩	⇩	⇩	0 1	1/3	1/2	1 2	2 3	3 4	5 6	7 8	10 11	14 15	21 22	⇧	⇧	⇧	⇧	⇧	⇧
G	32	⇩	⇩	⇩	⇩	⇩	⇩	⇩	⇩	0 1	1/3	1/2	1 2	2 3	3 4	5 6	7 8	10 11	14 15	21 22	⇧	⇧	⇧	⇧	⇧	⇧	⇧
H	50	⇩	⇩	⇩	⇩	⇩	⇩	⇩	0 1	1/3	1/2	1 2	2 3	3 4	5 6	7 8	10 11	14 15	21 22	⇧	⇧	⇧	⇧	⇧	⇧	⇧	⇧
J	90	⇩	⇩	⇩	⇩	⇩	⇩	0 1	1/3	1/2	1 2	2 3	3 4	5 6	7 8	10 11	14 15	21 22	⇧	⇧	⇧	⇧	⇧	⇧	⇧	⇧	⇧
K	125	⇩	⇩	⇩	⇩	⇩	0 1	1/3	1/2	1 2	2 3	3 4	5 6	7 8	10 11	14 15	21 22	⇧	⇧	⇧	⇧	⇧	⇧	⇧	⇧	⇧	⇧
L	200	⇩	⇩	⇩	⇩	0 1	1/3	1/2	1 2	2 3	3 4	5 6	7 8	10 11	14 15	21 22	⇧	⇧	⇧	⇧	⇧	⇧	⇧	⇧	⇧	⇧	⇧
M	315	⇩	⇩	⇩	0 1	1/3	1/2	1 2	2 3	3 4	5 6	7 8	10 11	14 15	21 22	⇧	⇧	⇧	⇧	⇧	⇧	⇧	⇧	⇧	⇧	⇧	⇧
N	600	⇩	⇩	0 1	1/3	1/2	1 2	2 3	3 4	5 6	7 8	10 11	14 15	21 22	⇧	⇧	⇧	⇧	⇧	⇧	⇧	⇧	⇧	⇧	⇧	⇧	⇧
P	800	⇩	0 1	1/3	1/2	1 2	2 3	3 4	5 6	7 8	10 11	14 15	21 22	⇧	⇧	⇧	⇧	⇧	⇧	⇧	⇧	⇧	⇧	⇧	⇧	⇧	⇧
Q	1250	0 1	1/3	1/2	1 2	2 3	3 4	5 6	7 8	10 11	14 15	21 22	⇧	⇧	⇧	⇧	⇧	⇧	⇧	⇧	⇧	⇧	⇧	⇧	⇧	⇧	⇧
R	2000	1/3	1/2	1 2	2 3	3 4	5 6	7 8	10 11	14 15	21 22	⇧	⇧	⇧	⇧	⇧	⇧	⇧	⇧	⇧	⇧	⇧	⇧	⇧	⇧	⇧	⇧

⇩——使用箭头下面的第一个抽检方案，如果样本量等于或超过批量，则执行100%检验。

⇧——使用箭头上面的第一个抽检方案。

A_c——接收数。

R_e——拒收数。

第三步：在表4－7《GB 2828 正常检验一次抽样方案》中，由代码K所在行向右，在样本量栏内读出 $n=125$。

另外，由代码K所在行与规定的AQL值1.0%所在列的交叉格中，读出［A_c，R_e］为［3，4］。因此，所求的正常检验一次抽样方案为 $n=125$，$A_c=3$，$R_e=4$。其含义为从批量18000件的交验产品中，随机抽取125件样本检验。如果发现这125件有3件以下为不合格品，判为合格批；如果发现有4件以上为不合格品，则判为该产品不合格，予以拒收。

一、计算题

按照国内购货合同订单（数量是10000件）的产品质量抽检若使用GB 2828，且MAJOR（最大）和MINOR（最小）的AQL分别为1.0/4.0，检验水平（IL）为Ⅱ。

（1）采用一次正常检查抽检方案，需要抽检几件衣服，并分别找出MAJOR和MINOR的 A_c、R_e。

（2）如果实际抽检中MAJOR和MINOR的不合格产品数量为5件和15件，检验能否通过。

二、单项选择题

1. 关于完工检验，以下说法错误的是（　　）。

A. 完工检验必须严格按照程序和规程进行，严格禁止不合格零件投入装配

B. 完工检验有时需要模拟产品的使用条件和运行方式

C. 完工检验必须是全数检验

D. A和B正确

2. 关于进货检验，以下说法错误的是（　　）。

A. 进货检验的深度主要取决于企业对供应商质量保证体系的信任程度

B. 进货必须有合格证或其他合法证明，否则不予验收

C. 进货检验应在货品入库前或投产前进行，因此必须在供应商处检验

D. 进货检验可以在供应商处检验，也可以在本企业检验

3. 以下关于工序检验的说法，错误的是（　　）。

A. 工序检验通常表现为首件检验、循环检验、末件检验

B. 工序检验的目的是在加工过程中防止出现大批不合格品，避免不合格品流入下道工序

C. 工序检验仅指对产品的检验，即剔除不合格品

D. 工序检验除了检验产品外，还要检验环境等质量影响因素

4. 全数检验适合（　　）。

A. 电视机的寿命试验

B. 钢管的强度试验

C. 冰柜的制冷效果

D. 大量螺母的螺纹

5. 每次随机抽取一个单位产品进行检验，检验后即按判定规则做出合格、不合格或再抽下个单位产品的判断，一旦能做出该批合格或不合格的判定时，就终止检验。这种检验方法称为（　　）。

A. 一次抽检方法　　B. 二次抽检方法

C. 多次抽检方法　　D. 序贯抽检方法

6. 适当的交货地点是指（　　）。

A. 供应商企业的仓库

B. 采购商仓库

C. 供应商企业的生产线上

D. 只要离企业最近、方便企业装卸运输的地点都是合适的交货地点

7. 以下不属于原材料供应商在生产能力方面出现的问题的是（　　）。

A. 生产交货时间计算错误

B. 临时急单插入

C. 小批量订单需合起来生产

D. 需调度的材料、零配件采购延迟，生产量掌握不准确

E. 不合格品产生较多

8. 跟单员跟踪采购单的最后环节是（　　）。

A. 跟踪原材料供应商的生产加工工艺

B. 跟踪原材料

C. 跟踪加工过程

D. 跟踪包装入库

9. “看板”是指跟单员在跟单过程中，按工艺要求，在规定的时间内对规定数量的商品进行品质检查。一般来说，可以通过（　　）方式进行。

A. 成品生产的“看板”　　B. 外购的“看板”

C. 半成品的“看板”　　D. 原（辅）材料的“看板”

10. 以下不属于供应商因为管理方面原因造成原材料供应不及时的是（　　）。

A. 质量管理不到位　　B. 对再转包管理不严格

C. 交货期责任意识不强　　D. 超过产能接单

11. 跟单员花精力最多的跟单环节是（　　）。

A. 制作采购单　　B. 内部报批

C. 采购单跟踪　　D. 原材料检验

12. 国际标准化组织章程规定，每一个国家允许有（　　）个有代表性的标准化团体作为其成员。

A. 1　　B. 2　　C. 3　　D. 4

三、多项选择题

1. 出口产品质量检验工作职能有（　　）。

A. 鉴别职能　　B. 把关职能　　C. 预防职能　　D. 报告职能

2. 生产制造过程质量管理的内容通常包括（　　）。

A. 工艺准备的质量控制　　B. 生产过程的质量控制

C. 辅助服务过程的质量控制　　D. A 和 B

3. 对不合格品的管理，以下说法正确的有（　　）。

A. 不允许对不合格品做进一步的加工

B. 对不合格品及时进行标识、记录、评价、隔离和处置

C. 对已做了标识和记录的不合格品，应实行严格控制，以防在此之前被动用

D. 跟单员对不合格品的管理仅仅指对不合格品本身的管理，不包括对生产过程的管理

4. 以下属于出口产品质量构成要素的有（　　）。

A. 性能　　B. 经济性　　C. 安全性　　D. 时间性

5. 感觉器官对产品质量特性适用于（　　）。

A. 形状　　B. 颜色　　C. 气味　　D. 强度

6. 以下属于原材料跟单基本要求的有（　　）。

A. 适当的交货时间　　B. 适当的交货质量

C. 适当的交货地点　　D. 适当的交货数量

7. 跟单员在做催单的事前规划工作时，应重点注意（　　）。

A. 确定交货日期及数量　　B. 了解供应商设备利用率

C. 加强供应商的原材料及生产管理　　D. 准备替代来源

8. 以下属于跟单员应该对原材料（零部件）进仓所采取的步骤有（　　）。

A. 协调送货　　B. 协调接受

C. 通知进货　　　　　　　　　　　　D. 原材料入库

9. 以下由于采购商原因而引起原材料供应不及时的有（　　）。

A. 采购方提供材料、零部件给生产方加工的供应延迟，造成生产方下道工序加工耽误

B. 采购方与供应商沟通存在问题，采购单或指示联络事项阐述不清，指示联络不切实际，单方面指定交货期，业务手续不全造成工作耽误

C. 采购方对供应商生产工艺等技术指导、图纸接洽、变更说明等不到位，质量要求不明确，造成产品交货不符合要求

D. 采购方对原材料供应商的生产能力或技术能力调查不深入，出现原材料供应商选定失误

10. 如果交货期延迟，会产生（　　）影响。

A. 由于原材料进货的延迟，出现生产待料空等或延迟，导致生产效率下降

B. 为追上生产进度，需要加班或增加员工，致使人工费用增加

C. 采用替代品或使用低品质的原材料，造成产品质量不符合要求，引起纠纷

D. 交货延误的频率越高，跟催工作费用就越高

11. 国际标准是指（　　）所制定的标准。

A. 国际标准化组织　　　　　　　　B. 国际电工委员会

C. 国际电信联盟　　　　　　　　　D. 世界贸易组织

12. 产品质量认证包括（　　）。

A. 产地认证　　B. 合格认证　　C. 安全认证　　D. 使馆认证

四、判断题

1. 企业实际的检验活动可分为三种类型，即进货检验、工序检验和完工检验。（　　）

2. 首件检验的“三检制”办法，即先由操作者自检，再由班组长或质量员复检，最后由检验员专检。（　　）

3. 通过再加工或其他措施后能完全符合规定要求的不合格品应该返工。（　　）

4. 生产批量少的大型机电设备产品适合采用全数检验的方法进行质量检验。（　　）

5. 批合格就是指该检查批中每个产品都合格。（　　）

6. 所采购的原材料的交货时间宜早不宜迟，因此交货期越早越好。（　　）

7. 价格的确定是其他人交代的，是其他人的责任，跟单员不需要进行价格确认。（　　）

8. 对重要的原材料、零部件的包装入库，跟单员应去供应商的仓库查看。（　　）

9. 原材料较为贵重，不宜进行外包作业。（　　）

10. 原材料或成品在运输过程中极易破损或变质的，则不宜进行外包。（　　）

11. ISO 9000 仅指一个标准。（　　）

12. 国家标准是由国家标准团体制定并公开发布的标准（ISO/IEC 第 1 号指南）。（　　）

13. 国家质量监督检验检疫总局（AOSIO）是我国的质量标准管理部门。该局下设国家认证认可监督管理委员会，主管中国的标准工作。（　　）

14. GB 17323—1998 属于强制性国家标准。（　　）

15. CCC 认证对所有出口产品执行国家强制的安全认证。（　　）

五、简答题

1. 跟单员将订单转化为生产通知单时应注意落实哪些问题？
2. 生产过程的质量控制主要包括哪些内容？
3. 对不合格品的处理方式通常有哪些？
4. 生产企业不能及时交货的主要原因有哪些？
5. 按时交货跟单要点有哪些？
6. ISO 9000 标准内容和基本原则。
7. ISO 14000 标准的内容和意义。
8. GS 与 CE 认证的差别。
9. CCC 认证的含义和标志类别。

模块五　包装与托运

学习目标

知识目标：

1. 熟悉常见的出口包装材料及其特性，绿色包装材料；
2. 掌握外销产品的绿色包装要求，掌握我国瓦楞纸箱分类及各类纸箱对瓦楞纸板的技术要求；
3. 掌握外销产品唛头的设计原则及主唛和侧唛的概念；
4. 掌握集装箱运输中包装货物的堆码和运费计算，了解办理海运、铁运和空运的流程；
5. 掌握海运和空运的运费计算。

技能目标：

1. 能够根据外贸商品特性选择合适的包装材料，能够根据单件包装的最大内装物载重量和最大综合尺寸，结合对瓦楞纸板的各项技术要求选择合适的纸箱；
2. 能够合理地设计外销产品唛头，掌握国际标准化唛头的设计方法；
3. 集装箱的装箱数的估算和精确堆码的装箱数计算，包括重物的装箱数量计算和轻泡物的集装箱数量计算，在精确堆码的情况下计算运费；
4. 能够根据货物交货期、数量和交货地点的合同约定合理安排并及时交运；
5. 能够根据货物交货期、数量等因素合理安排运输方式；
6. 能够独立办理海运、铁路和航空货物的托运和计算运费。

任务一　选择出口包装

任务导入

李晓华和李师傅接到加拿大客户订单后，积极寻找生产企业生产，生产完成后准备出口，出口前如何选择出口包装？请大家帮她出出主意。

相关知识

一、出口商品包装的分类

包装是生产过程的最后一个环节，也是货物运输的必要准备，包装储存和运输是现代物流的重要内容。生产企业的包装既包括商品的内包装，又包括外包装，了解包装材料和标准化的包装设计是跟单员需要掌握的基本知识。本模块主要着眼于产品对外交货包装的要求，尤其是出口包装的绿色环保要求，跟单员对各国和各地区市场准入标准和客户的要求给予充分的重视。学会装箱数量计算和运费、保险费计算，根据按时交货要求合理选择运输方式。

根据是否需要包装，出口商品可划分为三类货物：裸装货（Nude Cargo）、散装货（Bulk Cargo/Cargo in Bulk）和包装货（Packed Cargo）。由于运输路途远近不同，时间长短不同，经过地区气候不同、货物的性能不同等，不同的货物适用的包装方法也不同。

1. 裸装货

裸装货适用于一些形态上自然成件，不需要包装或品质比较稳定、难于包装的货物，如钢材、铝锭、木材、橡胶等。裸装货一般没有包装，一般稍加捆扎或以其自身进行捆扎，如钢材用铁丝捆扎成堆，烟胶片用烟胶片本身包扎。

2. 散装货

散装货一般是指未加任何包装，直接付运以至销售的货物。散装适用于不需要包装即可直接进入流通领域，或不容易包装，或不值得包装的一些数量较大、颗粒呈堆或液态的货物，如煤炭、矿石、粮食、石油等。但许多散装的货物也可包装，散装需要具备一定的装卸条件和运输设备。散装运输的好处是可以加快装卸速度，节约包装费用、仓容和运费。但采用散装运输时要考虑码头的装卸设备和仓库条件，否则会造成装卸、运输、储存上的困难，品质和数量方面的损失和费用的增加。

3. 包装货

包装货是指按一定的技术方法，采用一定的包装容器、材料及辅助物加以包裹的货物。按包装程度的不同，分为全部包装和局部包装；按包装的外形可分为包（Bales）、箱（Cases）、桶（Drums）、袋（Bags）、篓或筐（Baskets）、卷（Rolls，Bundles，Cans）等；按包装的制作材料来分，又有纸质、金属、木质、塑料、棉麻制品、竹柳、草制品、玻璃制品、陶瓷包装等。

包装货物还有以下几种分类方法。

（1）按照用途分为：内包装（又称小包装、销售包装）和外包装（又称大包装、运输包装）。

（2）按货物运输远近和方式分为：国内运输包装和国际运输包装，汽车货物包装、铁路货物包装、船舶货物包装和航空货物包装。

（3）按包装方式分为：单件运输包装和集合运输包装。

（4）按包装质地分为：软性包装、半硬性包装和硬性包装。

（5）按商品的内外包装上不注明制造国别、产地、厂商和原有注册商标、牌号等有可能识别商品来源的内容的中性包装分为：定牌中性包装和无牌中性包装。

二、危险品包装

危险品包装必须按包装标准，用相应危险品货物标志指明货物类型和危险等级。按类型和危险等级分，这类标志有：爆炸品标志、易燃气体标志、不燃压缩气体标志、有毒气体标志、易燃液体标志、易燃固体标志、自燃物品标志、遇湿危险标志、氧化剂标志、有机过氧化物标志、有毒品标志、剧毒品标志、有害品标志、感染性物品标志、放射性物品标志、腐蚀性物品标志等。按包装的防护目的不同分，可分为：防潮包装、防水包装、防霉包装、保鲜包装、防虫包装、防震包装、防锈包装、防火包装、防爆包装、儿童安全包装等。

三、按材料分类的出口包装

1. 纸质包装材料

纸质包装材料是当前国际流行的“绿色包装”所使用的材料。纸质包装材料包括纸、纸板及其制品，它们在包装材料中占据主导地位。出口包装用纸大体上可分为食品包装用纸与工业品包装用纸两大类，但有些包装用纸既可作为食品包装用，也可作为工业品包装用。出口包装用纸包括纸袋纸、牛皮纸、鸡皮纸、玻璃纸、瓦楞原纸、仿羊皮纸、羊皮纸。其他包装用纸还有邮封纸、糖果包装纸、茶叶袋滤纸、感光防护纸等。

纸质包装包括纸箱、纸袋、纸盒、纸桶等。其中纸箱是用瓦楞纸板制成的箱形包装，瓦楞的波形有U形、V形和UV形三种，瓦楞纸板的结构通常有单面单瓦楞纸板、双面单瓦楞纸板、双瓦楞纸板和三瓦楞纸板四种。瓦楞纸箱的结构通常有一页成型、二页成型和四页成型三种，一页成型的纸箱抗压力强，省料、牢固、生产效率高。常用纸箱的底盖有对口盖、大盖和搭盖三种类型。纸箱具有重量轻便等优点，广泛应用于食品、服装、纺织品、缝纫机、电视机、电冰箱、洗衣机、收音机、微波炉等电器以及家具产品等的包装。纸制包装具有轻便、牢固，便于机械化生产的特点。纸桶较多用于盛装化工、医药、食品、胶黏剂、油、油漆、树脂等商品。

2. 金属包装

金属包装包括铁桶、铁塑桶、马口铁桶、罐等，具有抗压、不透气、可咬合、焊接等特性。铁桶是用低碳钢带（又称黑铁皮）或镀锌铁皮（白铁皮）加工而成，有小开口桶（又称闭口桶）、中开口桶和大开口桶（全开口桶）之分。小开口桶的桶顶、桶底与桶身固定在一起不能分离，主要用于盛装液体商品；大开口桶的桶盖可整个打开，适于盛装粉状或颗粒状商品；马口铁桶桶内涂有涂料，具有防潮、防腐蚀性能，适于盛装食品和化工品等；铁塑桶是以黑铁皮为外壳，塑料为内衬的复合型桶，具有耐腐蚀和防潮性能，适于盛装危险品。

3. 木质包装

就目前的发展水平看，传统的木质品包装在出口包装行业中起着举足轻重的作用。常用的木质包装品有木箱、木桶、夹板等，具有坚固、结实、抗压、抗震等优点。木质包装材料又分为木材和人造板材。木材有红松、马尾松、白松、杉木、桦木、椴木、毛白杨。人造板材的种类很多，主要有胶合板、纤维板、刨花板。除胶合板外，其他人造板材所使用的原料均系木材采伐过程中的剩余物，如木削。

（1）木质包装箱即木箱，是由木板、胶合板或纤维板等为原料质成的木质箱形包装，涉及机械类出口商品。如较为笨重的五金、机械和怕压、怕摔的仪器、仪表以及纸张等，大多需要用木质包装箱，也可选用九合板包装。如果大型机械不适宜装集装箱的，也可采用无包装的形式，放在甲板或是船舱内。

木箱的特点是箱体轻，便于运输。可用于盛装某些散装商品或装运重量较轻和易碎的，可在其箱内加衬具有防潮、防异味、防污染和防商品香气挥发等性能的内衬。我国出口的散装茶叶多用胶合板箱装运，箱内放置装茶叶的内衬（由牛皮纸和铝箔裱成的内包，具有防止外界水分、潮气和异味侵入以及抑制茶叶香气挥发的作用）。国际上通用两种规格的茶叶木箱：40cm×40cm×60cm（20’集装箱可装257箱）和40cm×50cm×60cm（20’集装箱可装200箱），每集装箱装茶叶8～10吨。纤维板箱用途与胶合板箱相同。

（2）木桶。木桶包括肠衣专用桶、胶合板桶、纤维板桶、杉木桶等肠衣专用桶，原用于盛装猪羊肠衣，坚固耐用，结构紧密，但开启不便，现已改用同形状（腰鼓形）的灰色塑料桶盛装。胶合板桶呈圆柱形，桶体轻，便于运输，一般用于盛装粉状和颗粒状商品，如化工产品等。用于盛装液体商品时，需在桶内加衬防渗漏容器。

4. 塑料包装

塑料包装容器类型通常有塑料桶、袋、瓶、盒、罐等，具有牢固轻便、色泽鲜艳美观、不易破碎、耐腐蚀及良好的机械性能、化学稳定性能和电性能等特点，被广泛应用于国际贸易中。有的塑料桶代替金属桶来盛装化工原料，但不能盛装对塑料有溶胀作用的液体化工商品。塑料袋有塑料编织袋、塑料薄膜袋和集装袋等。塑料编织袋又分为全塑编织袋、全塑涂膜袋和麻塑交织袋。全塑编织袋强度大，适于盛装块状或较大颗粒的商品；全塑涂膜袋适于盛装粉状和怕潮商品；麻塑交织袋适于盛装粮食。塑料薄膜袋具有透明、柔软和防潮性能，可用于盛装糖果、花生、干果、化肥和化工原料等。集装袋是高强度的大型塑料袋，具有耐久、防滑、防磨损等特性，成本低、省运费，通常能装 1 吨以上粉状或颗粒状化工产品、农副产品和水泥等。

5. 棉麻制品包装

棉麻制品包装是土特产品的传统包装，具有轻便、拉力强、成本低等特点，常用的有麻袋和布袋。

（1）麻袋（Gunny Bag）是用黄麻、洋麻或苘麻经加工而成，以黄麻袋耐磨性能最好，广泛应用于谷物、豆类、子仁、砂糖、化工原料、化学肥料等商品的装运，干制肠衣用麻袋内衬牛皮纸和无毒塑料薄膜包装。

（2）布袋（Cloth Bag）用棉布制成，常用于盛装粉状、颗粒状或块状商品，根据需要可在袋内加衬纸袋、塑料袋，或于布袋上涂敷塑料以增强防渗漏、防潮、防污染等性能。

6. 竹柳制品包装

竹、柳、草制品包装，有竹箩、柳条筐、蒲草包、水草袋等，近洋运输中的果菜和土特产品多采用此类包装。

7. 玻璃制品包装

玻璃制品包装，有玻璃瓶、罐、坛和玻璃纤维袋等，其成本低廉，可着色避光，具有耐酸、耐碱、无毒、无味等特点，广泛应用于食品、饮料、医药、化妆品等的包装。

8. 陶瓷包装

陶瓷包装是我国的传统包装，常见的容器类型有陶罐、瓷坛和酒瓶等。这种包装不仅可做容器，商品使用后还可做装饰品。

四、瓦楞纸箱的分类

我国的瓦楞纸箱是按国家标准局的规定以瓦楞纸板的品类、内装物的重量和纸箱的综合尺寸（即纸箱内尺寸的长、宽、高之和）来进行分类的，共分为三类（1 类、2 类）20 种，见表 5－1。

表 5－1　　　　　　　　　　　　　　　我国的瓦楞纸箱分类

种类	内装物最大重量（kg）	最大综合尺寸（mm）	代号				
			瓦楞结构	1 类		2 类	
				纸板	纸箱	纸板	纸箱
单瓦楞纸箱	5	700	单瓦楞	S－1.1	BS－1.1	S－2.1	BS－2.1
	10	1000		S－1.2	BS－1.2	S－2.2	BS－2.2
	20	1400		S－1.3	BS－1.3	S－2.3	BS－2.3
	30	1750		S－1.4	BS－1.4	S－2.4	BS－2.4
	40	2000		S－1.5	BS－1.5	S－2.5	BS－2.5
双瓦楞纸箱	15	1000	双瓦楞	D－1.1	BD－1.1	D－2.1	BD－2.1
	20	1400		D－1.2	BD－1.2	D－2.2	BD－2.2
	30	1750		D－1.3	BD－1.3	D－2.3	BD－2.3
	40	2000		D－1.4	BD－1.4	D－2.4	BD－2.4
	55	2500		D－1.5	BD－1.5	D－2.5	BD－2.5

注：1 类箱，主要用于出口贵重物品的运输包装；2 类箱，主要用于内箱产品的运输包装。

纸箱分类的技术等级主要是从瓦楞纸板的品质和纸箱的内在质量角度来区分瓦楞纸箱的种类。至于瓦楞纸箱的箱型结构，不仅其外观造型的式样很多，而且不同的箱型结构对于瓦楞纸箱的包装功能和纸箱的综合物理性能也有一定的差别。

欧洲瓦楞纸箱制造商协会（FEFCO）制定的“国际瓦楞纸箱法规”，对瓦楞纸箱的各种基本箱型结构做了比较科学而且详尽的分类，它根据瓦楞纸箱（包括纸箱的附件）的不同结构式样、工艺特点和使用功能分别归纳为七个基本类型，如图 5－1 所示。

1. 开槽型纸箱（代号 02 型）

开槽型纸箱是一种最常用的外包装纸箱，它是由一片瓦楞纸板组成的，通过钉合或糊合或者用胶带黏合等方法将箱坯接合制成箱体，箱体顶部和底部的折翼（通常称上、下摇盖）可以很方便地构成箱底和箱盖。纸箱制成成品后在运输储放时可以折叠展平，使用时将箱底箱盖封合即可。列为代号 02 字头的开槽型纸箱有 20 种式样，其中 0201 型开槽式瓦楞纸箱是目前应用最广泛的箱型，通常称为标准型的外包装瓦楞纸箱结构箱型。

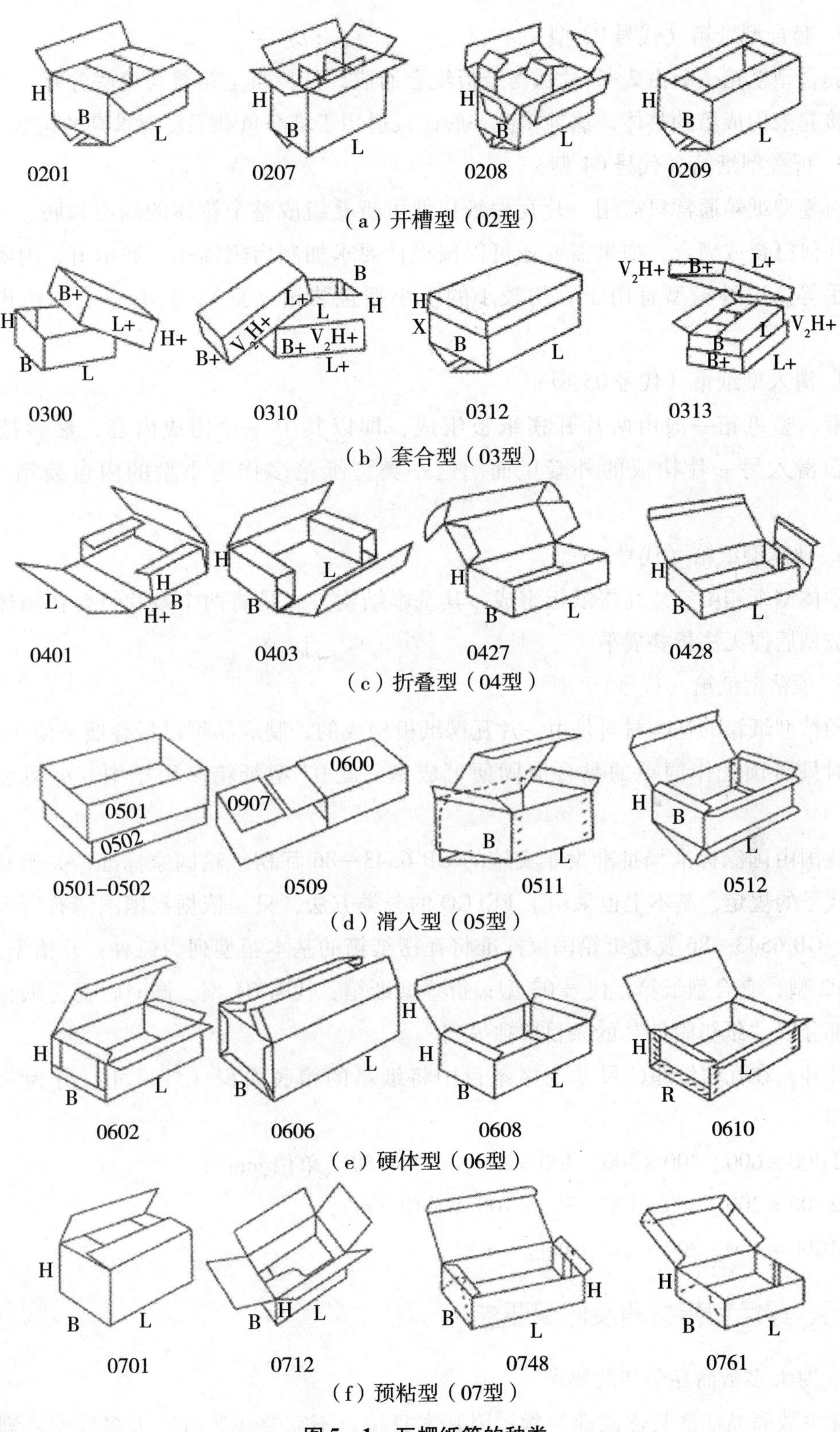

0201
0207
0208
0209
(a) 开槽型（02型）
0300
0310
0312
0313
(b) 套合型（03型）
0401
0403
0427
0428
(c) 折叠型（04型）
0501–0502
0509
0511
0512
(d) 滑入型（05型）
0602
0606
0608
0610
(e) 硬体型（06型）
0701
0712
0748
0761
(f) 预粘型（07型）

图5－1 瓦楞纸箱的种类

2. 套合型纸箱（代号03型）

套合型纸箱一般由2~3片瓦楞纸板组合而成，其特点是箱盖与箱底分开，使用时才套接起来构成箱的整体，这种箱型一般比较适用于堆叠负载强度要求高的包装。

3. 折叠型纸箱（代号04型）

折叠型纸箱通常只需用一片瓦楞纸板便可折叠组成整个箱体的侧面和底、盖，且不需任何钉合或糊合，如果需要还可以按设计要求加制启闭锁扣、展示窗、内隔衬以及提手等。这种箱型宜用于容积较小的中小型包装箱（盒），具有一定的销售包装功能。

4. 滑入型纸箱（代号05型）

滑入型纸箱一般由两片瓦楞纸板组成，即以其中一片构成内套，然后按设定的方位滑入另一片构成的外套里面。这一类型纸箱多作为小型的内包装箱（盒）使用。

5. 硬体型纸箱（代号06型）

硬体型纸箱由三片瓦楞纸板组成，其基本结构方式是将两个端片钉合在箱体的两侧，成型后便无法折叠展平。

6. 预粘型纸箱（代号07型）

预粘型纸箱的基本材料是由一片瓦楞纸板构成的，制成品可以折叠展平便于运输，使用时只需预先作简单的黏合嵌固便可成型。此07型纸箱多用于中、小型包装箱（盒）。

我国由国家标准局批准发布实施的GB 6543—86瓦楞纸箱国家标准，关于基本箱型和代号的规定，基本上也采用了FEFCO的分类方法，只是依据我国国情有所省略和改动，GB 6543—86瓦楞纸箱国家标准将瓦楞纸箱的基本箱型列为三种：开槽型纸箱，代号02型；套合型纸箱，代号03型；折叠型纸箱，代号04型。同时将瓦楞纸箱的内配件部分以“纸箱附件”的条目单独另列。

此外，在瓦楞纸箱的尺寸规格条目中将纸箱的箱底面积（外尺寸）分为三个系列，即：

①400×600、400×300、400×200、400×150（单位mm）；

②300×200、300×130、300×100（单位mm）；

③200×150、200×133（单位mm）。

五、绿色包装材料及环保要求

1. 对大多数商品包装的要求

除少数商品如散装货或裸装货，因其本身特点不需要包装外，大多数商品都需要有一定的包装，为了保护商品，便于储存运输和促进销售，必须对商品进行包装。包装涉及包装材料的选用，容器的结构、造型、包装方法和装潢等，出口包装的选用原则是科学、经济、牢固、美观、适销。

2. 对绿色包装的要求

绿色包装就是“绿色包装材料”，是指在生产、使用、报废及回收处理再利用过程中，能节约资源和能源，废弃后迅速自然降解或再利用，不会破坏生态平衡。而且来源广泛、耗能低、易回收、再生循环利用率高的材料或材料制品。能用作出口包装材料的品种很多，如木材、纸、塑料、金属是主要包装材料，此外还有玻璃、陶瓷、天然纤维、化学纤维、复合材料、缓冲材料等。它们的成分、结构、性质、来源、用量及价格，决定着包装的性质、质量和用途，并对包装的生产成本和用后处理等有重要影响。

3. 对木箱出口包装的要求

为了保证木质包装箱内不含任何有害昆虫，木质包装箱必须经过加热和烟熏处理，但是，人工复合而成的木质材料，如胶合板、纤维板、刨花板制品不用熏蒸。

同样是选用木质包装，不同的市场要求不同，如对美国、加拿大、欧盟、日本及澳大利亚出口，木质包装一定要在出口前“熏蒸”。其中对美国、加拿大等国必须出具“官方熏蒸证书”（Fumigation/Disinfection Certificate），未熏蒸需出具“非木质包装声明”。出口中东国家及某些亚洲国家的木质包装，目前不需要“熏蒸”；对于出口非洲国家的木质包装，则要看具体国家，如尼日利亚、坦桑尼亚需要“熏蒸”（2006 年 2 月起）。

木箱、木质托盘必须实施热处理或熏蒸处理，由检验检疫局出具《出境货物木质包装除害处理合格凭证》，并加贴黑色标识后方能报关出口。

4. 其他植物性包装材料的要求

用草类包装材料包装的货物出口挪威，在办理货物进口手续时必须提供证明，否则包装将予以焚毁，费用由进口商支付；用旧编织材料制成的麻袋、打包麻布作为包装的货物出口至挪威，在挪威办理货物进口手续时必须提供证明，否则不准用作包装材料进入。

5. 出口纸箱包装要求

（1）外箱毛重一般不超过 25kg（千克）。单瓦楞纸板箱，用于装毛重小于 7.5kg 的货物；双瓦楞纸板箱，用于装毛重大于 7.5kg 的货物。

（2）纸箱的抗压强度应能在集装箱或托盘中，以同样纸箱叠放到 2.5 米高度不塌陷为宜。

（3）如产品需做熏蒸处理，外箱的四面左下角要有 2mm（毫米）开孔。

（4）出口到欧洲的外箱一般要印刷可循环回收标志，箱体上不能使用铁钉（扣）。

（5）包装用辅助材料也要符合环保要求。常见的辅助材料有黏合剂、黏合带、捆扎材料、衬垫材料、填充材料等。

6. 塑胶袋包装要求

（1）PVC 胶袋一般是被禁用的。1992 年起欧洲等国完全禁止使用聚氯乙烯（PVC）包装材料。

（2）胶袋上要有表明所用塑料种类的三角形环保标志。

（3）胶袋上印刷“PLASTIC BAGS CAN BE DANGEROUS TO AVOID DANGER OF SUFFOCATION，KEEP THIS BAG AWAY FROM BABIES AND CHILDREN”，胶袋上还要打孔，每侧打一个直径为 15mm 的小孔。

随着全球环保意识的逐渐增强，国际上许多国家和地区开展了环境标志计划，使用符合环境保护的包装材料，是出口包装的发展方向。

跟单员在进行出口包装时，需要掌握进口国的有关包装规定和要求。如德国规定包装材料要符合“3R”原则，即可再生利用（Reuse）、可自然降解（Reduce）、可进行循环再生处理（Recycle）。要求纸箱表面不能上蜡、上油，也不能涂塑料、沥青等防潮材料；外箱不能有蜡纸或油质隔纸；箱体瓦楞纸板间的连接需采取黏合方式，不能用任何金属或塑料钉或夹，尽可能用胶水封箱，不能用 PVC 或其他塑料胶带；纸箱上所做的标记必须用水溶性颜料等。欧洲各国在使用符合进口国环保要求的包装材料时，需要在包装材料外部的显著位置印刷一些标志，如可循环标记（Recycle Mark）等。

【案例 1】

根据任务中的要求，结合对瓦楞纸板的各项技术要求，帮助李晓华选择合适的纸箱。

李晓华所在公司采购出口纸箱，要求最大毛重为 15kg，包装纸箱的尺寸为 80cm × 60cm ×20cm，除了订单中提到的装箱要求之外，国外客户还要求纸箱达到以下技术要求：“耐破强度为 1569kPa，边压强度为 8000N/M，戳破强度为 100kg/cm”。请问用哪一种纸板为宜？

各类纸箱对瓦楞纸板的技术要求如表 5 - 2 所示。

表 5 - 2　　各类纸箱对瓦楞纸板的技术要求

纸箱种类		纸板代号	耐破强度（kPa）	边压强度（N/M）	戳穿强度（kg/cm）	含水量（%）
双瓦楞纸箱	1 类	D - 1.1	784	6860	75	10 ± 2
		D - 1.2	1177	7840	90	
		D - 1.3	1569	8820	105	
		D - 1.4	1961	9800	128	
		D - 1.5	2550	10780	140	

续　表

纸箱种类		纸板代号	耐破强度（kPa）	边压强度（N/M）	戳穿强度（kg/cm）	含水量（%）
双瓦楞纸箱	2类	D－2.1	686	6370	90	10±2
		D－2.2	980	7350	85	
		D－2.3	1373	8330	100	
		D－2.4	1764	9310	110	
		D－2.5	2158	10290	130	
	3类	D－3.1	588	5880	70	
		D－3.2	784	6860	85	
		D－3.3	1177	7840	100	
		D－3.4	1569	8820	110	
		D－3.5	1961	9800	130	

具体操作步骤如下。

（1）由于订单要求出口纸箱的最大毛重为15kg，A工厂准备采用80cm×60cm×20cm的包装尺寸，即综合尺寸为800＋600＋200＝1600mm，因此可以选择的纸板和对应的纸箱分别为S－1.4，BS－1.4，S－2.4，BS－2.4，S－3.4，BS－3.4，D－1.3，BD－1.3，D－2.3，BD－2.3，D－3.3，BD－3.3。

（2）由于纸箱要达到以下技术要求：耐破强度为1569kPa，边压强度为8000N/M，戳穿强度为100kg/cm，通过分析，D－1.3是最佳选择。因为S－2.4、S－3.4、D－2.3和D－3.3的耐破强度都低于1569kPa的要求；而S－1.4尽管在耐破强度上达到了要求，但是在边压强度和戳穿强度上都低于要求的标准；只有D－1.3能同时满足这三项要求。

任务二　出口包装唛头设计与刷唛

任务导入

李师傅和李晓华跟单的订单生产完毕，终于要出口了，他们根据客户要求选择了纸箱包装。受客户委托，现在需要帮助客户刷制唛头，李晓华应该从哪几方面考虑刷制唛头？

相关知识

一、唛头

运输标志（Shipping Mark）俗称“唛头”，是运输包装标志的基本部分，也是区别一批货物和其他同类货物的依据。由一个简单的几何图形和一些字母、数字及简单的文字组成，以便于装卸、运输、保管过程中的有关人员识别，以防错发、错运，它通常由收发货人代号、目的地名称或代号和批件号三部分组成。运输标志还包括目的地标志、原产地标志、件号标志和体积重量标志。

二、主唛

标准唛头（又称主唛）：国际标准化组织建议推广使用《标准运输标志》。标准运输标志一般包括四个组成部分：①收货人的名称字首；②参考号码；③目的地；④件数号码。如图 5－2 所示，是一个运输标志图案，其中分别具有以下含义：

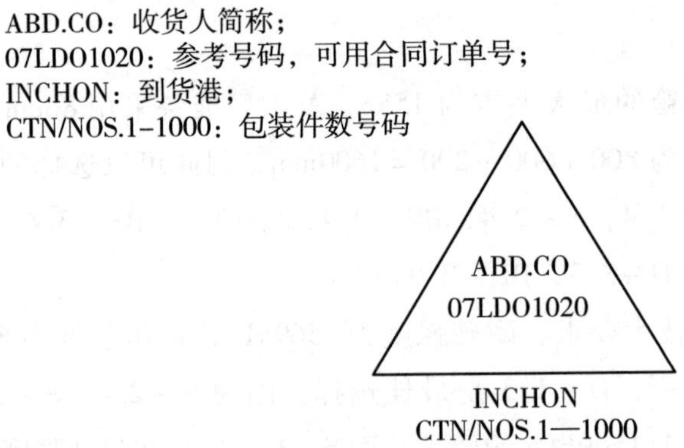

ABD.CO：收货人简称；
07LDO1020：参考号码，可用合同订单号；
INCHON：到货港；
CTN/NOS.1–1000：包装件数号码

ABD.CO
07LDO1020
INCHON
CTN/NOS.1—1000

图 5－2　运输标志图案

CTN 代表纸箱，NOS. 1－1000 表示该件货物是该批 1000 件货物中的第一件，或用 1/1000 表示，其中分母表示该批货物的总件数，分子表示该件货物在整批货物中的编号，目的是为了便于查对、点数。出口公司应尽量参照上述标准运输标志设计和制作主唛头，制单时则要把运输标志印载于发票、提单、保险单、产地证、装箱单、检验证书及其他有关票据中，有关人员就可据此顺利交接和查验货物。

三、侧唛

侧唛是印刷在包装箱侧面的一般性提示标志，一般以印刷在外包装的非唛头位置的空白处为宜。侧唛一般包括通知标志，含合同号或发票号、商品货号、商品名称、装容数量、毛重、净重、尺码、产地或生产国别。其作用是将每个包装件内的货物情况通知买方。

如：

96N08 SHOES	参考号码货品名称
ART. No. 95 - 8	货号
COLOUR：BROWN	颜色
QTY：12PRS	
SIZE：35/2，36/4，37/4，38/2	尺码数量及配比
N. W.：10kg	净重
G. W.：14. 8kg	毛重
MEAS：34cm ×45cm ×34cm	包装尺码
MADE IN CHINA	原产地标志

四、刷唛应该注意的问题

1. 明确装箱细数及其配比

装箱细数是指每个包装单位内所装的商品个数。如果整批货只有一个规格或尺码，则按要求的数量装箱即可；如果有多个规格尺码或多种颜色，则要注意每件包装内容的搭配（Assortment）。例如，鞋的包装 12 双包在一箱，其中 35 码 2 双，36 码 4 双，37 码 4 双，38 码 2 双。如果把同一码的装在一箱，需要四箱才能凑齐，这会给买方带来很大不便。有时因储存地点的限制，需要分批提货时，单码包装就会给销售带来很大不便。因此，对混色混码包装的货物一定要明确装箱配比，并按要求办理。

2. 关于原产地标志的使用

跟单员要注意的是，原产于我国的产品出口可以在外包装上印刷“Made in China”（中国制造）的标志，如果外销合同规定中性包装，则不能印刷“Made in China”和任何其他产地标志。产品产于我国且由我国出境时，外包装的产地标志不能印刷中国以外的任何国家和地区，以免构成对原产地规则的违反，无法报关出境。

五、唛头设计

按照国际贸易惯例，运输标志一般由卖方设计，故在合同的包装条款中可以不做具体规定。如买方要求由其指定运输标志，卖方亦可接受，但要在合同中具体规定其式样的内容和买方提供运输标志的时间，并应订明如在装运前若干天尚未收到买方提供的唛头，卖方亦可自行决定。

六、指示性标志与警告性标志

除了运输标志，外包装上还应印刷指示性标志（Indicative Mark）和警告性标志

（Warning Mark）。指示性标志可以起到运输装卸过程中保护货物操作提醒的作用，警告性标志可以起到保护操作人员人身安全的作用。

1. 指示性标志

指示性标志（Indicative Mark）又称安全标志和操作标志，是根据商品的性能和特性（如怕热、怕湿、怕雾、怕倾斜、易破碎、残损、变质等），以简单醒目的图形和文字在运输标志上提示人们在保管、装卸、运输过程中需要注意的事项和要求。为了统一多国运输包装指示性标志的图形与文字，一些国际组织分别制定了包装储运指示性标志，我国也制定了运输包装指示性标志的国家标准，所用图形与国际上通用的图形一致。

2. 警告性标志

警告性标志（Warning Mark）又称危险货物包装标志、危险品标志（Dangerous Cargo Mark），是为了保障货物和人员的安全，在装有易燃、易爆、有毒、易腐蚀等危险货物和氧化剂及放射性物质等危险货物的运输包装上用图形和文字表示和说明各种危险品的标志，以示警告。联合国、国际海事组织、国际铁路合作组织和国际民航组织分别制定了国际海上、铁路、航空危险货物运输规则，联合国政府间海事协商组织制定的《国际海运危险品标志》已被国际上许多国家所采用。我国也制定和颁布了《包装储运标志》和《危险货物包装标志》。有的国家规定进口危险品时要在运输包装上标明“国际海运危险品标志”，否则不能靠岸卸货。因此，在我国出口危险货物的运输包装上，要标明我国和国际上所规定的两套危险品标志。

任务三　集装箱堆码与计数

任务导入

刚入职不久的李晓华和李师傅接到国外加拿大客户订单后，积极寻找生产企业生产，生产完成后准备出口，出口前如何选择出口包装，为了节省运费，集装箱如何堆码？请大家帮她出出主意。

相关知识

在整箱货物的运输中，通常要对装箱数量进行科学的计算和精细堆码，只有这样，才能提高运力，节省运费，同时对于确定一单货的合理的合同数量和准确报价也有重要的参考作用。

一般情况下，业务员在展会上的参考报价是在估算装箱数量的前提下报出的，估算集装箱的装箱数量，可以快速计算价格。装箱数量的估算方法是按照集装箱的可载重量或容积除以单个包装的重量或体积简单获得的，对于金属件等重物用重量计算，轻泡物用体积和容积计算。集装箱的规格一般有以下两类。

（1）20 英尺集装箱，也称 20 英尺货柜。它是国际上计算集装箱的标准单位，英文为 Twenty - Foot Equivalent Unit，简称 "TEU"，规格为 8 ×8 ×20'，内径尺寸为 5. 9m ×2. 35m ×2. 38m，估算的载重量为：最大重量 20 吨，最大容积 31m^3，一般可装 17. 5 吨或 25m^3 的货物。

（2）40 英尺集装箱：8 ×8 ×40，内径 12. 03m ×2. 35m ×2. 38m，估算的载重量为：最大重量 30 吨，最大容积 67m^3，一般可装 25 吨或 55m^3 的货物，一个 40 英尺集装箱相当于 2 个 TEU。

实际业务中，集装箱装载数量与包装容器的长、宽、高的组合及多边是否受固定装放限制都有极大关系。一般有两种情况：一种是包装尺寸受产品特性、客户要求、打包机备固定的限制。例如，清洁精必须竖立，那么包装箱高度即成固定。客户要求每箱 240 斤装就不能装 200 斤。另一种是包装箱尺寸可配合集装箱的规格，最大限度地装满集装箱。一般来说，对包装规格都是有限制的，但对竖立与否不做规定的包装，可先决定货柜的高度，再来改变宽与长的组合，因为装货柜时高对容积影响最大。

【案例 2】集装箱堆码操作

一位加拿大客商向我方询购安全皮鞋，要求五层瓦楞纸箱包装，每箱装 12 双，每双装一纸盒，纸盒尺寸为 380mm ×240mm ×103mm。试计算纸箱外径尺寸。如果在广交会报价，估算一下 20 英尺货柜和 40 英尺货柜大概能装多少箱？如果国外客商订一个 20 英尺标准集装箱的货，请问具体能装下多少箱？

1. 按 12 双/箱的要求对货物进行排列，以确定箱型。根据件数排列规则，2 排 ×2 行 ×3 层 =12 双较为合理，由此得出纸箱内径（380 ×2）×（240 ×2）×（103 ×3）= 760 ×480 ×309mm^3，长、宽和高分别伸缩 20mm 和 40mm 得出大致的纸箱外径尺寸，即 780 ×500 ×349mm^3，则每箱 0. 1205m^3。

2. 根据前文所述的 20 英尺和 40 英尺集装箱的规格，估算的结果是，20 英尺集装箱可装 25m^3 ÷0. 1205m^3 =207 箱；40 英尺集装箱可装 55m^3 ÷0. 1205m^3 =456 箱。

3. 计算 20 英尺货柜详细堆码后的具体装箱数。

由于箱内有鞋盒支撑，横竖摆放均可，故在设计包装箱合理排满货柜时，可采取以下三种方法。

（1）第一种，根据集装箱尺寸确定 78cm 为长时，因 20 英尺集装箱内径尺寸为 5. 9m ×2. 35m ×2. 38m，则

5. 9/0. 78 =7. 56

2. 35/0. 5 =4. 7

2. 38/0. 35 =6. 8

则按此种摆放方式可装：7 层（高）×4 排（长）×6 行（宽）=168 箱

（2）第二种，再确定另一边 50cm 为长时：

5. 9/0. 5 =11. 8

2. 38/0. 35 =6. 8

2. 35/0. 78 =3. 0

则按此种摆放方式可装：11 层（高）×6 排（长）×3 行（宽）=198 箱

（3）第三种，再确定另一边 35cm 为长时：

5. 9/0. 35 =16

2. 35/0. 78 =3. 0

2. 38/0. 5 =4. 7

则此种摆放方式可装：16 层（高）×3 排（长）×4 行（宽）=192 箱

通过比较，第二种方法堆码多，所以选第二种方式，则共可装鞋数：198 件 ×12 = 2376 双。

可见，估算的 207 箱不能放进。所以通常估算会有 10% 的调整余地。堆码可将积载图提交运输部门。

工厂生产企业的出口跟单即前程跟单，到交运阶段为止。工厂可能向国内外贸公司交货或者直接向国外客户交货，要按照订单的具体要求，做到按时、按质、按量、按照合同要求的适当方式交货。向贸易公司交货比较简单，属于国内合同履行，通常不需要长途运输，工厂交货，或交运输公司、车板交货或者送货上门是常用的交货方式。如果生产企业与国外客户直接签订合同，交货的履行就涉及国际货物运输部分。

任务四　租船订舱与投保

任务导入

货物海运出口时，跟单员李晓华向货代公司委托办理租船订舱，李晓华需填制货物托运委托书、海运提单和投保单。在填制的过程中李晓华需要注意哪些事项呢？

相关知识

国际货物运输是国际贸易中的一个重要环节。在国际货物运输中，涉及的运输方式很多，其中包括海洋运输、铁路运输、航空运输、河流运输、邮政运输、公路运输、管道运输、大陆桥运输以及由各种运输方式组合的国际多式联运等。作为一名合格的跟单员，应熟悉各类运输方式的特点，并能根据合同的要求以及货物的特性选择合适的运输方式；能够熟悉各种运输社的流程和运费计算。

跟单员李晓华先填制集装箱货物托运委托书（见表5－3），然后审核海运提单（见表5－4），最后填制投保单（见表5－5）。

表5－3　　集装箱货物托运委托书

经营单位（托运人）				委托编号		
提单B/L项目要求	发货人：Shipper:					
	收货人：Consignee:					
	通知人：Notify Party:					
海洋运费（√）Sea freight	预付（ ）或（ ）到付 Prepaid or Collect	提单份数		提单寄送地址		
起运港		目的港		可否转船	可否分批	
集装箱预配数	20’ × 40’ ×			装运期限	有效期限	
标记唛码	包装件数	中英文货号 Description of goods	毛重（千克）	尺码（立方米）	成交条价（总价）	
			特种货物	重件：每件重量		
内装箱（CFS）地址			□冷藏货 □危险品	大件（长×宽×高）		
门对门装箱地址			特种集装箱：（ ）			
外币结算账号			物资备妥日期	年 月 日		
			物资进栈：自送（√）或派送（ ）			
声明事项			人民币结算单位账号			
			托运人签章			
			电话			
			传真			
			联系人			
			地址			
			制单日期： 年 月 日			

表 5－4

海运提单

中国人民保险公司上海分公司

BILL OF LADING

<table>
<tr><td rowspan="2">Shipper</td><td>B/L No.</td></tr>
<tr><td rowspan="2">Combined Transport BILL OF LADING
RECEIVED in apparent good order and condition except as otherwise noted the total number of containers or other packages or units enumerated below for transportation from the place of receipt to the place of delivery subject to the terms and conditions hereof. One of the Bills of Lading must be surrendered duly endorsed to the Carrier by or on behalf of the Holder of the Bill of Lading, the rights and liabilities arising in accordance with the terms and conditions hereof shall, without prejudice to any rule of common law or statute rendering them binding on the Merchant, become binding in all respects between the Carrier and the Holder of the Bill of Lading as though the contract evidenced hereby had been made between them. IN WITNESS whereof the number of original Bills of Lading stated under have been signed. All of this tenor and date, one of which being accomplished, the other (s) to be void.</td></tr>
<tr><td>Consignee</td></tr>
<tr><td>Notify Address</td><td rowspan="2">For delivery of goods please apply to:</td></tr>
</table>

Pre－carriage by	Place of Receipt	
Ocean Vessel Voy. No.	Port of Loading	
Port of Discharge	Place of Delivery	Final Destination for the Merchant's Reference only

Container, Seal No. & Marks & Nos.	No. of Package & Destination of Goods	Gross Weight kg	Measurement m^2	
FREIGHT & CHARGES	Revenue Tons.	Rate Per	Prepaid	Collect

	Prepaid at	Payable at	Place and Date of Issue
	Total Prepaid	No. of Original B (s) /L	Stamp & Signature

LADEN ON BOARD THE VESSEL

Date

By

(TERMS CONTINUED ON BACK HEREOF)

表 5－5　　投保单

中国人民保险公司上海分公司

出口运输险投保单

编号：________

兹将我处出口物资依照信用证规定拟向你处投保国外运输险计开：

<table>
<tr><td colspan="3">被保险人（中文）
（英文）</td><td colspan="4">过户</td></tr>
<tr><td>标记及发票号码</td><td colspan="2">件数</td><td colspan="3">物资名称</td><td>保险金额</td></tr>
<tr><td></td><td colspan="2"></td><td colspan="3"></td><td></td></tr>
<tr><td>运输工具
及转载工具</td><td colspan="2"></td><td colspan="2">约
于　年　月　日启运</td><td>赔款偿
付地点</td><td></td></tr>
<tr><td>运输路程</td><td>自　　经　　到</td><td colspan="2">转载
地点</td><td colspan="3"></td></tr>
<tr><td colspan="3">投保险别：</td><td colspan="4">投保单位签章

年　月　日</td></tr>
</table>

一、托运

托运是指货物托运人或发货人向承运人提出要求运输货物的行为。货物托运人在办理托运时，需与运输单位签订货物托运合同，办理运输手续。

1. 运单填制注意事项

（1）运单是运输合同的证明，是承运人已经接收货物的收据。一份运单，填写一个托运人、收货人、起运港、到达港。若同一托运人的货物分别属到达港的两个或两个以上收货人，则应分别填制运单。

（2）托运的货物虽属同一个托运人、收货人，但托运多种货物，且其中有货物性质不相容时，也不能填制在同一张运单内。

（3）危险货物的托运应填制专门的危险货物运单，即红色运单。

2. 支付费用

托运人在托运货物前或当时，应支付有关的费用，如起运港的港口使用费、运费、中转费等。发生延期交付时，应支付滞纳金。

3. 提交托运货物

托运人向承运人提交货物，与承运人一起根据运单记载内容进行审核，承运人对货物交接验收。交接内容分为：货物重量交接、尺码交接、包装交接、标志交接、承运人交接签字盖章。

4. 通知收货人做好接货准备

货物托运后，将货物已托运的详细信息告知收货人，请收货人注意承运人的到货通知。到货通知就是承运人向收货人发出货物已运达，且已具备提货条件的通知。

二、国际海运提单的缮制

海运提单（Bill of Lading 或 B/L）简称提单，是海运业务使用最为广泛的运输单据。海运提单使用较广的是已装船、清洁、指示提单。缮制提单时应注意以下问题。

（1）如来证无特殊规定，提单上的发货人（Shippers）应为信用证的受益人；如来证规定以第三者为发货人时，可以国内运输机构或其他公司的名义为发货人；如来证规定以开证人为发货人时则不能接受。

（2）提单的收货人（Consignee）习惯上称为抬头人。绝大多数信用证都要求做成“空白抬头”（To Order），这种提单必须经发货人背书，方可流通转让。也有少数信用证要求做成“凭开证银行指示”（To Order of Issuing Bank），或“凭收货人指示”（To Order of Consignee）。

（3）提单上的背书又分为“空白背书”和“记名背书”。“空白背书”是由发货人在提单背面加盖印章，无须加任何文句。而“记名背书”除加盖印章外，还应注明“交付给××（Deliver To ××）”字样。

（4）提单的抬头与背书直接关系到物权归谁所有和能否转让等问题。因此，一定要严格按照信用证要求办理。值得注意的是，若货物运往法国或阿根廷，发货人必须在提单正面签署。

（5）信用证上如要求加注被通知人（Notify Party）名称者，应照办。

（6）若为联运提单（e. T。B/L），其上有：前段运输（Pre－carriage by），应填第一程运输方式的运输工具名称。如货物从西安经陆路运往天津，再装船运往芝加哥，则此处填：“by wagon No. ××”或“by Train”。收货地点（Place of Receipt）填前段运输承运人接收货物的地点，如西安。船名及航次号（Ocean Vessel Voy. No.），如第一程运输不是海运，在签发联运提单时此栏可填：“Intended Vessel”（预期船只）。装运港（Port oF Loading），本栏填海运段的实际装运港名称，应与信用证上的规定相一致。卸货港（Port of Discharge），本栏填实际的卸货港名称，应与信用证上的规定相一致。

（7）交货地点（Place of Delivery）是指最终目的地，如从上海海运至美国旧金山，然后再由旧金山陆运至芝加哥，则交货地点应填芝加哥。

（8）提单上的唛头必须与其他单据上的相一致。

（9）提单上的货物名称，可做一般概括性的描述，不必列出详细规格。

（10）提单上除有阿拉伯文字的件数外，尚需有英文大写的件数，两者的数量要相一致。

（11）提单上的重量，除信用证有特别规定外，仅列毛重，并应与发票、重量单上的重量相一致。

（12）如为 CFR 或 CIF 价格，提单上加注“运费预付（Freight Prepaid）”或“运费已付（Freight Paid）”字样。除非信用证另有规定，运费预付或已付的提单可不必加注运费金额。如为 FOB 价格，提单上需加注“运费到付”（Freight Collect 或 Freight to be Collected）。

（13）提单上签发日期必须与信用证上规定的装船期相适应，也就是最晚不得迟于信用证或合约上最迟的日期，在提单日期之后，必须填写签发地点。

（14）提单正本需按信用证规定的份数签发，如无规定，应签发两份正本。

如签发提单人为货代，而承运人为“MAERSK LINE”，则应在货代之后加注“AS AGENT FOR THE CARRIER MAERSK LINE”字样。

任务五 计算运费与保险费

任务导入

李晓华跟单的订单已接近尾声，公司要求她盈亏核算，她现在急需算出运费和保费。请协助李晓华计算运费和保费。

相关知识

运费是承运人对所承运货物收取的报酬。运价是根据运输契约订立的或者是由船公司、承运单位以运价表的形式公布的单位收费标准。运价与商品的贸易价格有密切关系，它直接影响到进出口商品的成本核算和经济效益。

海运运价大体可分为租船运价和班轮运价两大类。租船运价的高低取决于当时国际租船市场上的船、货供求情况；由船租双方在租船合同（Charter Party）中确定，它的波动幅度较大，在实际工作中，只适于大宗商品的出口，如大米、砂糖、钢材、矿砂、饲料等出口货物；班轮运价则比较固定，是班轮公司以运价表的形式公布的班轮运价，通常包括货物从起运港至目的港的运费和装卸费用。而通常出口的零星杂货和集装箱整箱货、拼箱货物按班轮运价支付运费。

海洋运费的计算标准共有六种，见表5-6。

表5-6 海洋运费计算标准种类

海洋运费的方法	海洋运费的计算标准
重量法	按照货物毛重计算的称为重量法。费率表上标注“W”（Weight），以每吨作为运费计算单位，吨以下到小数三位
体积法	按照货物体积计算的称为体积法。费率表上标注“M”（Measurement），以每立方米（m^3）作为运费计算单位，立方米以下到小数三位
从价法	按照货物的价值作为运费计算标准的称为从价法。费率表上标注“Ad Val”（Ad Valorem）
选择法	有以下四种具体的选择方法： 1. W/M 表示在重量法和体积法两者中选择 2. W or Ad Val 表示在重量法和从价法两者中选择 3. M or Ad Val 表示在体积法和从价法两者中选择 4. W/M or Ad Val 表示在重量法、体积法和从价法三者中选择 上述四种方法，根据不同货物，由承运人择高选用
综合法	采用综合法计算的货物，除按重量吨或尺码吨计收运费外，还要加收从价运费，即： 1. W & Ad Val 表示按重量吨计费并加上从价运费 2. M & Ad Val 表示按体积（尺码吨）计费并加上从价运费
按件法	有些货物无法衡量其重量或测其体积，又非贵重物品，如活牲畜、汽车等，均按件（只、头、辆）为单位计算运费

一、班轮集装箱运费

班轮集装箱运费包括拼箱运费和包箱运费两种。

1. 拼箱运费

拼箱运费的计算和杂货运费一样，也由基本运费和附加费两部分构成。

基本运费是指货物在预定航线的各基本港口之间进行运输所规定的运价，它是构成全程运费的主要部分。基本运费的计收标准通常按不同商品分为下列几种。

（1）按货物的毛重计收，即以重量吨（Weight Ton）计收，在运价表中以“W”表示。

（2）按货物的体积计收，即以尺码吨（Measurement Ton）计收，在运价表中以“M”表示。

（3）按毛重或体积计收，由船公司选择其中收费较高的作为计费吨，运价表中以“W/M”表示。按重量吨或尺码吨计收运费的单位统称运费吨（Freight Ton）。

（4）按货物的价格计收，又称从价运费，在运价表中以“A. V”或“Ad Val”表示。一般按货物 FOB 价值的一定百分比收取。

（5）按重量吨或尺码吨或从价运费计收，即选择较高的一种作为计算运费的标准。运价表中以“W/M or A. V”表示。

（6）按货物重量吨或尺码吨从高计收后，再另加收一定百分比的从价运费。运价表中以“W/M Plus A. V”表示。

（7）按货物的件数计收，如车按辆数、活牲畜按头数计件。

（8）由船、货双方议定，在运价表中注有“Open”字样。临时议定运价的办法适用于运量较大、货价较低、装卸方便且快速的（如粮食、矿石等）货物的运输。

附加费方面，除传统杂货所收的常规附加费外，还要加收一些与集装箱货物运输有关的附加费。

2. 包箱运费

包箱运费是以每个集装箱为计费单位，常用于集装箱交货的情况，即 CFS/CY 或 CY 条款。常见的包箱运费有以下三种表现形式。

①FAK 包箱费率（Freight for All Kinds）。即对每一集装箱不细分箱内货类，不计货量（在重量限额之内）统一收取的运价。

②FCS 包箱费率（Freight for Class）。按不同货物等级制定的包箱费率。

③FCB 包箱费率（Freight for Class 或 Basis）。这是按不同货物登记或货类以及计算标准制定的费率。

3. 最低运费（起码运费）

为了确保营运收入不低于成本，经营集装箱运输的船公司通常还有最低运费的规定。在拼箱货的情况下，最低运费的规定与班轮运输中的规定基本相同，即在费率表中都订有最低运费，任何一批货运的运费金额低于规定的最低运费额时，则按最低运费金额计收；在整箱货的情况下，由货主自行装箱，例如，箱内所装货物没有达到规定的最低计费标准时，则亏舱损失由货主负担。

二、海运班轮运费计算

出口棉织品一批，计 100 箱，每箱重 50 千克，每箱体积为 0. 060m^3，由天津装船去伦敦/鹿特丹/汉堡港口。查该货为 12 级，计费标准为 W/M，基本费率为 100 港元/

运费吨，另有燃油附加费20%，选港附加费为15港元/运费吨，港口附加费10%。求该批货物的运费。

因为 W = 100 × 0.05 = 5 吨 < M = 100 × 0.06

所以按体积作为计算运费的标准，即

运费 = 基本运费 + 附加运费 = 100 × 6 × （1 + 20% + 10%） + 6 × 15 = 780 + 90 = 870港元。

即该批货物的运费为870港元。

运费计算步骤：

（1）选择相关的运价成本。

（2）根据货物名称，在货物分级表中查到运费计算标准（Basis）和等级（Class）。

（3）在等级费率表的基本费率部分，找到相应的航线、起运港及目的港，按等级查到基本运价。

（4）再从附加费部分查出所有应收（付）的附加费项目、数额（或百分比）及货币种类。

（5）根据基本运价和附加费算出实际运价。

食品、纺织品、土畜产品出口多以体积法为计算标准，也有一小部分以重量或重量/体积选择法为计算标准。体积法的计算方法是：以一个立方米作为计费单位，小数点后取三位，第四位四舍五入。例如，食品罐头一批共150箱，每箱体积为40厘米×30厘米×32厘米，该批罐头的尺码吨（立方米）的计算公式为长（米）×宽（米）×高（米）×包装件数 = 体积（立方米），0.4 × 0.3 × 0.32 × 150 = 5.76（立方米）。

班轮运费包括基本运费和附加费两部分。

1. 基本运费

基本运费是指货物在预定航线的各基本港口之间进行运输时所规定的运价，它是构成全程运费的主要部分。基本运费的计收标准通常按不同商品分为以下几种：

（1）按货物的毛重计收，即以重量吨（Weight Ton）计收，在运价表中以“W”表示。

（2）按货物的体积计收，即以尺码吨（Measurement Ton）计收，在运价表中以“M”表示。

（3）按毛重或体积计收，由船公司选择其中收费较高的作为计费吨，运价表中以“W/M”表示。按重量吨或尺码吨计收运费的单位统称运费吨（Freight Ton）。

（4）按货物的价格计收，又称从价运费，在运价表中以“A. V”或“Ad Val”表示。一般按货物FOB价值的一定百分比收取。

（5）按重量吨或尺码吨或从价运费计收，即选择较高的一种作为计算运费的标准，运价表中以“W/M or A. V”表示。

(6) 按货物重量吨或尺码吨从高计收后，再另加收一定百分比的从价运费，运价表中以“W/M Plus A. V”表示。

(7) 按货物的件数计收，如车按辆数、活牲畜按头数等。

(8) 由船、货双方议定，在运价表中注有“open”字样。临时议定运价的办法适用于运量较大、货价较低、装卸方便且快速的诸如粮食、矿石等货物的运输。

此外，班轮公司对同一包装、同一票货物或同一提单内出现混装的情况，计收运费的则是就高不就低，具体收取办法是：不同商品混装在同一包装内，全部运费一般按其中较高者收取；同一票货物，如包装不同，其计费标准和等级也不同，如托运人未按不同包装分别列明毛重和体积，则全票货物均按收费较高者计收运费；同一提单内有两种以上货名，如托运人未分别列明不同货物的毛重和体积，则全部货物均按收费较高者计收运费。

2. 附加运费

班轮运费中的附加运费是指针对某些特定情况或需做特殊处理的货物在基本运费之外加收的费用。附加运费名目很多，主要有：

(1) 燃油附加费（Bunker Surcharge），是指由于燃油价格上涨，船舶开支增加而向货主加收的费用。

(2) 货币贬值附加费（Devaluation Surcharge），是指在货币贬值时，船方为了使实际收入不减少，按基本运价的一定百分比加收的附加费。

(3) 转船附加费（Transshipment Surcharge），是指凡运往非基本港的货物，需转船运主目的港，船方因此收取的附加费。

(4) 直航附加费（Direct Additional），是指当运往非基本港的货物达到一定的数量，船公司安排直航该港而不转船时所加收的附加费。

(5) 超重附加费（Heavy Lift Additional）、超长附加费（Long Length Additional）和超大附加费（Surcharge of Bulky Cargo），是指货物的毛重或长度或体积超过运价表所规定的数值时，船方加收的附加费。

(6) 港口附加费（Port Additional or Port Surcharge），是指对有些港口由于设备条件差或装卸效率低以及其他原因，船方加收的附加费。

(7) 港口拥挤附加费（Port Congestion Surcharge），是指有些港口由于拥挤，船舶停泊时间增加而加收的附加费。

(8) 选港附加费（Additional on Optional Discharge Port），是指货方托运时，尚不能明确具体卸货港，要求在预先提出的两个或两个以上港口中选择一港卸货，船方因此加收的附加费。

（9）变更卸货港附加费（Alteration of Destination Charge），是指货主要求改变货物原来规定的目的港，在有关当局（如海关）准许、船方又同意的情况下所加收的附加费。

（10）绕航附加费（Deviation Surcharge），是指由于正常航道受阻不能通行，船舶必须绕道才能将货物运至目的港时船方所加收的附加费。各类附加费编写简析：

①BAF 燃油的附加费，大多数航线都有，但标准不一。

②SPS 上海港口附加费（船挂上港九区、上区）。

③FAF 燃油价调整附加费（日本航线专用）。

④YAS 日元升值附加费（日本航线专用）。

⑤GRI 综合费率上涨附加费，一般是南美航线、美国航线使用。

⑥DDC、IAC 直航附加费，美加航线使用。

⑦IFA 临时燃油附加费，某些航线临时使用。

⑧PTE 巴拿马运河附加费，美国航线、中南美航线使用。

⑨ORC 本地出口附加费，与 SPS 类似，一般在华南地区使用。

⑩EBS、EBA 部分航线燃油附加费的表示方式，EBS 一般是澳洲航线使用，EBA 一般是非洲航线、中南美航线使用。

【案例 3】附加运费的计算

某企业出口一批机器设备共 10 箱，总毛重为 8 公吨，总体积为 10 立方米，由上海装船经中国香港转船至苏丹港。求该批货物的总运费。

①查看货物分级表可知该设备属 10 级货，计算标准为 W/M。

②查看中国内地至香港特别行政区航线费率表可知，10 级货从上海运至香港特别行政区的费率为 20 美元，香港中转费率为 12 美元，香港特别行政区至红海航线费率表中 10 级货的费率为 95 美元；附加费率表列明苏丹港收取港口拥挤附加费，费率为基本费率的 10%。计算该批设备的总运费。

单位运费为：$20+12+95+95\times10\%=136.5$ 美元。

计费标准为：因 $8<10$，故应按 M 计算。

该批设备的总运费为：$136.5\times10=1365$ 美元。

首先，选择合理运价的船只也很重要，要核对出口货物的目的港是否为国内航线的基本港，如果是的话，则应尽早安排订舱，因为国内中远运价最低。以集装箱为例，我国出口罐头上海装中远直达船与经香港转的班轮每 20 箱运费差达 542 美元。其次，对转船费用要加强核算。跟单员要逐步掌握目前各班轮公司的挂靠基本港及其运费费率，并加以比较优选。总之，我们对运价要加强核算，要收集资料，并加以比较，充分利用运价最低的船只，以提高出口单位的经济效益。

【案例4】集装箱运输的运费计算

在美国的一次交易会上，某客商向我方参展的业务员订购一批滑板车，客户要求两辆一箱，纸箱包装，纸箱的尺寸是80cm×50cm×42cm，假设大连港至长滩港的运费是2500USD/20'C（ALL IN），求每一辆滑板车的运费。

【案例5】集装箱运输的最高运费计算

某商品（尺码大于重量）装入一个40英尺的集装箱内，实际尺码为50米。该箱此种商品的最高计费吨规定为43立方米。虽然超出了规定的计费吨，承运人仍按规定的计费吨收取运费。该商品的基本运费率为USD86 W/M，燃油附加费为USD10/运费吨，货币贬值附加费为8%，特价费率为USD62 W/M。试计算该商品的最高运费。

（提示：运费特价费率为USD62/立方米，燃油附加费为USD10/运费吨，货币贬值费为USD62×8%=4.96，合计费率为USD76.96）

最高运费：USD76.96×43=USD3309.28

目前国际集装箱海运基本运费的计算方法有两种：一种与普通杂货班轮运输的基本运费计算方法相同，即对具体的航线按货物的等级及不同的计费标准计算基本运费；另一种是按包箱费率计算基本运费。

包箱费率是指按箱计收运费的费率，它又分为商品包箱费率和均一包箱费率两种。商品包箱费率是按不同商品和不同类型、尺寸的集装箱规定不同的包箱费率。按不同货物等级制定的包箱费率，其等级的划分与杂货班轮运输的货物等级分类基本相同，但是集装箱货物的费率级别大多数分为四个，如1级—7级，8级—10级，11级—15级，16级—20级或1级—8级，9级，10级—11级，12级—20级等，还有的分为三个等级费率。均一包箱费率是每个集装箱不细分箱内所装货物种类，不计货物重量或尺码（重量在限额之内），统一收取的运费。采用包箱费率的计费方法计算集装箱海运基本运费十分方便，即只需要根据具体航线、货物等级（或不分等级）及箱型的费率乘以箱数就可得出基本运费。

集装箱班轮海运基本运费的计算方法采用普通杂货班轮运输基本运费的计算方法时，尽管基本的计算方法一致，货物的分级及计算标准也一样，却因集装箱货物既可以交集装箱货运站装箱拼箱托运，也可以由托运人自行装箱整箱托运而计算方法不同。

【案例6】航空班机运费计算

从青岛承运一批货物到伦敦，该批货物重5.7千克，长40厘米，宽28厘米，高

22 厘米。已知公布的运价为：起码运费为人民币 320.00 元；45 千克以下为人民币 50.36 元；45 千克为人民币 40.31 元；300 千克为人民币 37.62 元。求该批货物的计费重量及运费。（计费重量的最小单位为0.5 千克，重量不足0.5 千克时按0.5 千克计算，超过0.5 千克不足1 千克时，按1 千克计算）

由于飞机装载的货物受重量和仓容的双重限制，因此，航空运费的计算方法与海运计费的方法一样，也是选择货物的实际毛重或体积中的大者作为计费的依据。

所谓体积是以0.006 立方米作为1 千克来计算的，根据这一基数，其运价的计算方法是：

（1）计算体积重量：$(40\times28\times22)/6000\approx4.11$（千克）。

（2）计算运费重量：因 $4.11<5.7$，所以计费重量为5.7，四舍五入为6 千克。

（3）计算运费：$6\times50.36=302.16<320$，所以运费为320 元。

班机运费是指航空公司将货物自起运机场运至目的地机场所收取的航空运输费用。它根据货物适用的运价（即费率）和货物的计费重量计算而得。

计费重量是指用以计算货物航空运费的重量，它可以是货物的实际毛重、体积重量或较高重量分界点的重量。

1. 班机运费的特点

（1）承运货物的计费重量按货物的实际毛重或体积重量计费，且择其高者。但当货物较高计费重量分界点的运费比计得的较低的运费低时，以分界点的运费为最后收费依据，反之则以计得的较低的运费为准。这与班轮运费不同。

（2）航空运费按特种货物、等级货物、普通货物分别规定运价标准。如计算出的运费低于起码运费时，按起码运费计收。这与班轮运费类似。

（3）班机运费仅指基本运费，不包括仓储、提货等附加费。

（4）班机运费的货币单位一般以起运地的当地货币单位为准，费率以承运人或其代理人签发航空运单的时间为准。

2. 空运货物重量和尺码计算

（1）实际毛重即包括货物包装在内的重量。空运适用于高密度货物，如货物重量按毛重计算，计算单位为千克，尾数不足1 千克的则按四舍五入处理。

（2）体积重量即将货物的体积按一定比例折合成的重量。计算规则为：不考虑货物的几何形状，量出其最长、最高部分的长度（厘米），计算体积，测量数值的尾数部分，实行四舍五入。体积重量按每6000 立方厘米折合1 千克计算，适用于轻泡货物。

（3）每一件货物的重量一般不能超过80 千克，尺码一般不能超过40 厘米×60 厘米×100 厘米，超过者则为超限货物，每件货物的最小尺码长、宽、高合计不得少于40 厘米，最小一边长不得少于5 厘米。

（4）如发货人托运超限货物，则应提供货物的具体重量、体积，并经民航同意后办理托运，且按承运人的规定支付超限货物的附加费。

航空运费，按计费重量大小分成几个级次。例如，代号为M（Minimum Charge，起码运费）表示5千克以下，代号为N（Normal Under 45 kg Rate）表示45千克以下，代号为Q（Quantity Over 45kg Rate）表示45千克以上。有些国家和地区对100千克、300千克、500千克或以上的收费标准又有所不同，分别用数字代号表明，例如，100表示100千克以上，300表示300千克以上，500表示500千克以上。计费重量越大，运费越低。不同地区，运价级次也不同。

例如，运往日本的货物，按现行运价成本，分三个级次，即M135.90元（起码运费）、N26.11元、Q19.61元；运往西雅图的运价有六个级次，即M392.60元（起码运费）、N49.12元、Q36.87元、100千克以上34.41元、300千克以上31.94元、500千克以上18.02元。

由于级次越高，费率越低，在某种情况下会产生一种不合理的现象。例如，有40千克重的一批货物运往日本按N级运价计算每千克26.11元，其运费为1044.40元，而45千克重的货物则按每千克19.61元计算，运费只要882.45元，这显然是不合理的，在这种情况下，承运的航空公司可同意按45千克托运和计收运费。

3. 拼装或混载货物

航空运输以一张运单作为计算运费单位，如果有三批各为35千克计费重量的货物，运往西雅图分制三张运单，则每批都按N级运价49.12元计费。若把这三批货物合在一起，做成一张运单，则按100千克以上运价34.41元计费。但一张运单只能是一个收货人，因此有些空运代理把收集起来运往同一目的地不同收货人的多批货物，用一张运单运送给目的地的货运代理，货物运抵目的地后由代理人按不同货物标记，分交不同的收货人，这样，运输代理便可从运价级差中获利。

【案例7】保险费的计算

在外贸实务中，保险金额按惯例是发票金额的110%。国际商会《2000国际贸易术语解释通则》对此作了明确规定："最低保险金额须为合同规定的价款加10%（即110%）。"这超过发票金额的10%叫作保险加成，加成的目的是为了一旦货物失事，加保部分的赔款可弥补该批货物进口商经营管理费用或预期利润的损失。

1. 一般保险费的计算

保险费的计算公式为：

CIF/CIP价×保险加成×保险费率=保险费

某批出口货物，发票总金额为CIF12000美元，信用证规定按发票金额110%投保一切险和战争险，两种险的费率合计为0.6%，其保险费应为多少？

提示：12000美元×110%×0.6%=79.20美元

2. 含折扣价保险费的计算

除非合同规定或信用证说明，保险金额应以减去折让后的净价为基数。

计算公式为

CIF/CIP价×（1－折扣率）×保险加成×保险费率=保险费

如果上例CIF12000美元，如含折扣5%，则投保金额的基数和保险费应为多少？

提示：投保金额的基数=12000美元×（1－5%）=11400美元

保险费=11400美元×110%×0.6%=75.24美元

3. 超成保险费的计算

保险金额通常按发票金额加成10%。但有时客户提出，加成要超过10%，这就增加了出口商的费用支出，如买卖合同未作规定，其超额的保险费应由客户负担。

超成保险费的计算公式为

CIF/CIP价×超成率×保险费率=超成保险费

发票金额12000美元，客户信用证要求按130%投保，保险费率为0.6%，超成保险费是多少？

提示：12000×（130%－110%）×0.6%=14.40美元

4. 按照CFR或CPT价求CIF或CIP价

CFR或CPT价/［1－（保险费率×保险加成）］－CIF或CIP价

进口货物以CFR价成交，计发票金额12000美元，国外出口商电告货已发运，应立即向我保险公司按CIF价投保，保险费率为0.6%。

则：12000/［1－（0.6%×110%）］－12000=12000/0.9934－12000≈79.73美元

5. 按照CIF或CIP价求CFR或CPT价

CIF或CIP价－（CIF或CIP价×保险加成×保险费率）=CFR或CPT价

出口成交CIF价12079.73美元，来证注明保险由开证人自行办理，价格相应变更为CFR，以前例费率计算为12079.73－12079.73×110%×0.6%≈12000美元。

一、案例分析题

辽宁明雷外贸公司与美国某公司签订一份运动服出口合同。该合同要求纸箱包装，该公司外贸跟单员李晓华，在辽宁虹都纸箱厂订制纸箱，她根据该合同和信用证的要求印侧唛（Shipping Mark）如下。

其中，ABD.CO：收货人简称；
07LDO1020：参考号码，可用合同订单号；
INCHON：到货港；
CTN/NOS.1–1000：包装件数号码

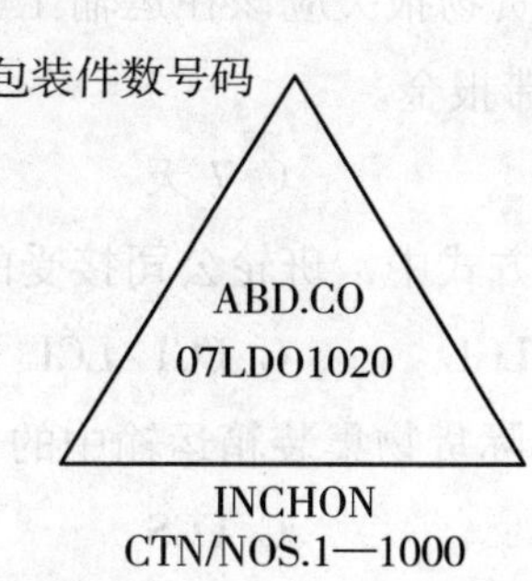

1. 请用已学过的知识分析，如果按此唛头出口报关会产生什么后果？为什么？

2. 如果你是外贸跟单员，该如何处理此项业务？

二、计算题

1. 某公司出口某种商品共200箱，该商品的内包装为塑料袋，每袋重1千克，外包装为纸箱，每箱100袋，箱的尺寸为40cm×40cm×25cm，经查该商品为5级货，运费计收标准为M。查运价表，该商品每运费吨的基本运费为300港元，另加转船附加费15%，燃料附加费30%，港口拥挤附加费5%。请计算该公司为这批货支付的运费。

2. 某企业出口货物一批，100箱，每箱毛重2300千克，体积为6.7立方米，自上海空运至日本东京，运价每千克人民币13.58元（100千克起算），请计算航空运费。

3. 一批钢制五金配件出口，产品所用包装纸箱尺寸为360mm×200mm×120mm，每箱毛重为23kg，用20英尺钢质集装箱运输，箱内尺寸为5917mm×2336mm×2249mm，内容积31m^3，最大载重22140kg，请计算该集装箱最多可装多少个纸箱。

三、单项选择题

1. 大副收据也称作（　　）。

A. 收货单　　B. 装货单　　C. 舱单　　D. 关单

2. 载货清单也称作（　　）。

A. 收货单　　B. 装货单　　C. 舱单　　D. 关单

3. 国际航空运输中的一般轻泡货物，在计算计费体积时，以每（　　）立方厘米折合1千克计重。

A. 5000　　B. 6000　　C. 8000　　D. 4000

4. 在国际货物运输中，航空公司为货主提供的免费保管货物的期限为（　　）天，超过此限取货时应付保管费。

A. 3 天　　　　B. 5 天　　　　C. 7 天　　　　D. 14 天

5. 国际货物贸易中，进口货物报关应该在运输工具进境之日起（　　）天内办理报关手续，逾期将被海关征收滞报金。

A. 3 天　　　　B. 5 天　　　　C. 7 天　　　　D. 14 天

6. 在国际货物集装箱运输方式中，班轮公司接受的最主要的交接方式是（　　）。

A. FCL/FCL　　　　B. LCL/LCL　　　　C. FCL/LCL　　　　D. LCL/FCL

7. 下列（　　）不属于国际货物集装箱运输中的包箱费率。

A. FCL　　　　B. FAK　　　　C. FCS　　　　D. FCB

8. 在国际货物集装箱运输中，装箱单是详细记载每箱货物的具体资料，又是向海关申报的必要单证，它的英文缩写是（　　）。

A. CLP　　　　B. P/L　　　　C. B/L　　　　D. P/I

9. 绿色包装材料是指（　　）。

A. 木质包装　　　　B. 纸质包装

C. 塑料包装　　　　D. 所有可回收再利用的包装材料

10. 以下不是木质包装材料优点的是（　　）。

A. 分布广，可以就地取材　　　　B. 价格低廉

C. 容易加工　　　　D. 无须任何处理即可使用

四、多项选择题

1. 对于出口纸箱包装要求，以下正确的有（　　）。

A. 外箱毛重一般不超过 25kg，单瓦楞纸板箱，用于装毛重小于 7.5kg 的货物；双瓦楞纸板箱，用于装毛重大于 7.5kg 的货物

B. 纸箱的抗压强度应能在集装箱或托盘中，以同样纸箱叠放到 2.5 米高度不塌陷为宜

C. 如产品需做熏蒸，外箱的四面左下角要有 2 毫米开孔

D. 出口欧洲的外箱一般要印刷可循环回收标识，箱体上不能使用铁钉（扣）

2. 塑胶袋包装要求（　　）。

A. PVC 胶袋一般是被禁用的

B. 胶袋上要有表明所用塑料种类的三角形环保标志

C. 胶袋上印刷 “PLASTIC BAGS CAN BE DANGEROUS TO AVOID DANGER OF SUFFOCATION, KEEP THIS BAG AWAY FROM BABIES AND CHILDREN.” 胶袋上还要打孔，每侧打一个，直径 5 毫米

D. B 和 C 是正确的

3. 用（　　）材料包装的货物出口至挪威，在挪威办理货物进口手续时必须提供证明。

A. 草类　　B. 旧编织材料制成的麻袋、打包麻布

C. 塑料　　D. 以上三种

4. 纸质包装材料的优点是（　）。

A. 性价比高　　B. 具有良好的弹性和韧性

C. 符合环保要求　　D. 可回收利用

五、判断题

1. 危险货物的托运应填制专门的危险货物运单，即红色运单。（　）

2. 国际货物运输中，承运人与托运人的运输关系从提单签发之日起成立。（　）

3. 承运人一旦接受托运人提交的货物，在承运、收货单上盖戳后，托运人即取得了托运物的权利，承运人取得了收取运费的权利。（　）

4. 国际货物集装箱拼箱运输过程中，发货人或货代将拼好的重箱和场站收据一并送往堆场，承运人的责任从承运人在堆场接收重箱开始。（　）

5. 纸板箱主要用于运输包装。（　）

6. 牛皮纸板箱主要用于销售包装。（　）

7. 对木质包装材料进行“熏蒸”处理主要是为了防止有害昆虫的传播。（　）

8. 平槽型纸箱，代号为 02 型。（　）

9. 德国规定包装材料的“3R”原则分别是可再生利用（Reuse）、可自然降解（Reduce）、可进行循环再生处理（Recycle）。（　）

10. 瓦楞箱中 UV 形瓦楞箱在世界各国采用最广泛。（　）

六、简答题

1. 跟单员进行运输跟单的一般流程是什么？

2. 在班轮运费中，基本运费的计收标准有哪些？

3. 出口货运单证包括哪些，各种单证分别起到什么作用？

4. 航空运输跟单的一般流程是什么？

5. 集装箱运输的主要货运单证有哪些？

模块六　进口跟单

学习目标

知识目标：

1. 掌握进口跟单业务的基本流程；
2. 掌握寻找和选择国外供应商的主要原则和方法；
3. 掌握进口的付汇核销业务；
4. 熟悉我国进口货物进口许可制度；
5. 熟悉进口合同履行中开立信用证的业务知识；
6. 熟悉进口商品的到货检验验收知识；
7. 熟悉国际货物运输的保险知识和索赔的相关法律知识。

技能目标：

1. 能够进行网上的客户资信调查，有综合判断国外供应商实力的能力；能够对进口商品（设备）进行业务调查，并制订经营方案；

2. 能够申领进口许可文件；能够对外开立信用证；能够完成进口商品的审单付汇及付汇核销业务工作；通过进口商品的检验，确定索赔的责任人，能选择索赔方法和索赔途径。

任务一　寻找与选择国外供应商

任务导入

李晓华所在公司业务红火，近日连续接了数个订单，国内原材料紧缺，现在急需从国外采购原材料，但李晓华没有国外采购经验。她应该从哪些方面入手呢？

相关知识

随着我国外汇储备的增加，各国要求贸易平衡的压力逐渐增大。在此背景下，我国进口关税总体水平逐年下调，非关税措施进一步减少。在这些政策的推动下，我国进口贸易进入新的历史发展阶段。随着进口业务量的增加，进口跟单业务变得越来越重要。进口跟单员在发展我国的进口贸易、利用国际资源、减少进口风险、提高进口工作效率等方面起到了积极的作用。

一、进口跟单业务的特点

（1）进口贸易的特点。进口贸易具有业务笔数少、合同金额大、操作细节多、管理较薄弱、经营风险大等特点。

（2）进口贸易跟单流程的主要环节。进口贸易跟单流程的主要环节包括：进口业务交易前的准备、进口合同的签订、进口合同的履行、进口业务的后期管理。

（3）进口跟单与出口跟单工作内容的区别。就业务流程而言，进口跟单与出口跟单的工作内容正好相反。进口履约过程主要涉及海关、外经贸、检验检疫、保险、运输、码头（仓储）、银行、外汇管理，有的特定业务还涉及其他职能部门的专项审批，尤其在进口报关、进口检验检疫两个环节上，进口业务所涉及的工作内容比出口业务更复杂。

二、进口跟单的工作流程和业务内容

1. 进口贸易的分类

进口贸易按其性质、特点、方式等可分为多种形式。按不同的标准分类，进口贸易有直接进口、间接进口、第三国转口；一般贸易进口、加工贸易进口；货物进口、设备进口、技术进口；一般关区进口、保税区进口；需要许可证（自动登记）进口、不需要许可证（自动登记）进口；指定商品企业进口、非指定商品企业进口；自营进口、代理进口等。

2. 进口业务工作流程

（1）自营进口的业务流程。建立贸易关系磋商和签订进口合同→办理进口许可证→申请开立信用证→接到出口商的装船通知后办理保险→接到开证行的审单通知后审单并对不符点拒付→办理进口检验检疫→办理进口报关→办理进口付汇核销。

（2）代理进口的业务流程。委托方（国内用户）与进口商（被委托方）签订代理进口协议→进口商与国外出口商签订进口合同→进口商交委托方确认进口合同→委托方确认后支付保证金（或代理费）→进口商办理进口许可证→进口商申请开立信用证→接到出口商的装船通知后办理保险→进口商接到开证行的审单通知后审单并对不符点拒付并请委托方确认→办理进口检验检疫→办理进口报关→办理进口付汇核销。

企业可以自己从事进口商品业务，也可以委托其他企业进口，例如，工厂原料进口可以委托专业外贸公司。自营进口和代理进口的业务流程略有不同。

三、进口跟单员的工作内容和基本要求

跟单员是业务员的助理，在整个进口业务流程的各个环节中，都可以视业务能力和业务水平承担相应的工作内容。

进口跟单员的工作特点如下：

（1）进口前的准备工作量大，要认真细致调查国外客户的资信，对日后的合同顺利履行、安全收汇有至关重要的作用。

（2）政策性强，变化大，需要不断地更新资信，需及时了解我国对所经营的每种进口商品的监管政策法规。

（3）进口合同的履行工作以进口报检报关、对外付汇为业务核心内容，需要配合专业报检报关人员的工作。

（4）工作难点和重点是对进口货物的验收和及时索赔，进口货物的控制和交拨，对国内客户的放货和收款衔接好，安全收款，实现赢利。

进口跟单员应注意的工作特点和要求如下：

（1）授权有限。跟单员在进口跟单作业过程中，必须在授权范围内行事，不能超越权限。

（2）复核制约。即跟单员必须认真履行本职的分工安排，接受相互复核、制约的要求，不能因只有一人操作而失去监督。

（3）工作报告。对遇到的业务问题要及时向业务员及经理报告和反映，不得隐瞒不报，也不得拖延报告时间，以防止贻误企业处理问题的时机。

（4）管理深入，全程跟踪，多问多学，知己知彼。勤奋、务实、严谨的工作作风是做好进口跟单工作的重要前提。

（5）言行得体，处事有度。

四、海运进口运输跟单流程

海运进口业务如果按 CIF 或 CFR 条件成交，则由国外卖方办理租船订舱工作；如果是 FOB 条件，则由买方办理租船订舱工作，派船前往国外港口接运。海运进口货物的运输工作，一般包括以下环节：

1. 租船订舱

负责货物运输的一方租船或订舱。大宗货物需要整船装运的适于租船运输，小批量的杂货适于班轮运输。

2. 掌握船舶动态

装卸港的工作安排等信息可获自各船公司提供的船期表、国外发货人寄来的装船通知、单证资料、发货电报以及有关单位编制的进口船舶动态资料等。

3. 收集和整理单证

进口货物运输单证一般包括商务单证和船务单证两大类。商务单证有贸易合同正本或副本、发票、提单、装箱单、品质证明书和保险单等。船务单证主要有载货清单、货物积载图、租船合同或提单副本。

4. 报关

进口货物需向海关报关，填制“进口货物报关单”。货主凭报关单、发票、品质证明书等单证向海关申报进口。经海关查验放行，缴纳进口关税后，方可提运。

5. 报检

列入“商检机构实施检验的商品种类表”（简称“种类表”）的进口商品，需接受法定检验。对未列入“种类表”内的进口商品，收货或用货部门应向所在地区商检机构申报后自行检验，在索赔有效期内将检验结果报告商检机构。如检验不合格需要提出索赔，应及时申请商检机构复检出证。

6. 监卸和交接

监卸人员一般是收货人的代表，履行现场监卸任务。监卸人员要与船方理货人员密切配合，把好货物数量和质量关。货物从大船卸毕后，要检查有无漏卸情况；在卸货中如发现短损，应及时向船方或港方办理有效鉴证，并共同做好验残工作。验残时要注意查清：内包装的残损和异状；货物损失的具体数量、重量和程度以及受损货物或短少货物的型号、规格；判断并确定货物致残或短少的原因。最近，在实践中发现针对贵重贸易货物的新的盗窃方法，只盗窃包装中的部分商品，造成数量短缺，外包装却完好无损。这种短货不易被发现，有很大的隐蔽性，责任有可能并非卖方少装，而是在运输环节丢失，是承运人的责任。但是如果收货人在验货环节没有及时发现，一旦提货，这种短损责任就不得不自己承担。如果能够在货场认真验货，及时发现短货，就可以及时向承运人、保险人或者卖方提出索赔。跟单员在货场接货时，应做到一丝不苟，认真仔细地验货，任何疏忽都会造成重大损失。

7. 保险

若是我方以 FOB 或 CFR 条件成交的进口货物，由我方办理保险事宜。我方负责进口的单位在收到发货人装船通知后应立即办理投保手续。目前为简化手续和防止发生漏保现象，一般采用预约保险办法，由负责进口的单位与保险公司签订进口货物预约保险合同。

根据国际贸易惯例，按 FOB、CFR、FCA 和 CPT 条件成交的进口货物，由我方进口企业自行办理保险手续。进口货物与出口货物的保险内容是相同的。

8. 申请进口商品检验与检疫

进口入境货物必须办理报检手续，未经检验检疫机构检验合格，不得卸离运输工具。法检货物，海关凭检验检疫局签发的“入境货物通关单”验放。进境流向报检是报检单位向进境地商检机构申请进境通关单，海关凭单放行，货物到达最终目的地再由商检机构实施检验的过程。进境流向报检的工作流程为：录入→计费→缴费→入境口岸查验→缮制通关单→领取单证。

【案例1】

确定一种商品，在国外产地找出至少五家生产商。再给出国外客户的公司名称，进行网上调查，并填写客户调查表。

五、寻找和选择国外供应商应注意的内容

寻找和选择国外供应商应注意的内容如下：

1. 选择进口商和供应地

主要在生产国或地区内寻找多个国外供应商，掌握供应商是生产厂家、贸易商还是总代理商，并对供应商的综合报价资料进行比较分析，确定和缩小供应商范围。

2. 资信调查的内容

（1）国外企业的组织机构情况主要包括企业的性质、创建历史、内部组织机构、主要负责人及担任的职务、分支机构等。调查中，应弄清厂商企业的中英文名称、详细地址，防止出现差错。

（2）政治情况。主要指企业负责人的政治背景、与政界的关系以及对我国的政治态度等。

（3）资信情况。包括企业的资金和信用两个方面。资金是指企业的注册资本、财产以及资产负债情况等；信用是指企业的经营作风、履约信誉等。这是客户资信调查的主要内容，特别是对中间商而言。例如，有的客户愿和我们洽谈上亿美元的投资项目，但经调查其注册资本只有几十万美元，对这样的客户，我们就该打上个问号。

（4）经营范围。主要是指企业生产或经营的商品、经营的性质（是代理商、生产商，还是零售批发商等）。

（5）经营能力。包括企业每年的营业额、销售渠道、经营方式以及在当地和国际市场上的贸易关系等。

此外，对客户资信进行调查后，应建立档案卡备查，分类建立客户档案。总之，要善于利用不同类型客户的长处。

3. 建议的调查表内容

（1）客户公司的成立年份、经营性质、注册资金、股权结构、经营业绩、经营商品、银行信用、支付能力、员工人数、主要负责人、联系人、联系方式及是否有网站等。

（2）对国外供应商的资信情况进行全面的了解和掌握，可要求客户自我介绍、网上搜寻查证、向中国驻当地商务处函电咨询、通过中国银行等机构进行资信调查等，以防止有些供应商资信不佳，利用劣质商品甚至伪造单据，骗取货款，使进口商受损。

4. 紧急报告制度

在得知客户发生经营异动或经营纠纷等情况后，跟单员应及时向进口业务经理及公司领导报告，暂停或放缓业务；对于有迹象表明客户将申请破产倒闭的，应立即停止业务，并迅速采取有效措施。

六、对进口商品（设备）业务调查的内容

（1）商品调查。涉及商品名称、规格型号、质量、技术性能、售后服务、数量、单价、交货时间、交货地点等。

（2）行情调查。涉及国内市场及国际市场同类商品或替代商品的单价，对行情曲线作高、中、低价位判断；涉及对订货后一段时间内商品价格趋势的判断，是向上发展、平稳发展、小幅波动还是向下发展。

（3）进口业务环节调查。涉及对海关、检验检疫、保险、运输、码头（仓储）、银行、外管以及其他有关部门的审批等业务政策、规则情况的掌握，了解是否会遇到业务操作和政策上的障碍。

（4）对自营进口的国内销售客户或代理进口的委托客户进行的资信调查。需要了解客户是生产企业还是贸易公司；是独立法人还是非独立法人单位；资产规模、经营销售情况，外界有无不良传闻；与进口商是连续合作，还是新客户或过去有业务却中途中断（一年以上）等。

（5）贸易方式调查。需要了解是自营业务、代理业务还是其他业务形式等。

（6）进口到货情况调查。对于代理业务，调查货物是否存放于进口商指定仓库，是否是进口商代收代付仓库费用，仓库（码头）的管理情况，货物保存在室内还是在室外，进口货权能否控制在进口商名下等。

（7）国内销售提货付款方式调查。需要了解是现款（汇）还是承兑汇票，承兑汇票的承兑期限多长，贴现息由谁承担；是一次性付款提货，还是部分付款部分提货；保证金是否做最后一笔货款等。

（8）业务风险控制调查。需要了解销售中进口商是否会进行小额放账；预付款

（保证金）占货款的比例；若买方违约，进口商有无处货权；对实力不足的企业，是否能提供足额的第三方连带责任保证；担保方是否是该委托代理企业的关联企业；法律诉讼地在进口商所在地还是对方所在地。

（9）进口商资金准备情况调查。包括该企业可用的银行进口开证额度、该企业应付意外风险的资金准备等。

（10）进口成本及自营业务收益估算调查。①进口成本估算。商品进口的主要费用包括银行费用、保险费用、运输费用、检验检疫费用、海关税费、码头费用和其他费用等。②经营进口业务收益估算。包括购销差价、经营利润、资金回报。

任务二　申请进口核准及申领进口许可证

任务导入

李晓华认真调研后，选择了合适的供应商。准备签订进口合同前，发现该原材料是国家限制进口的商品，需要申领进口许可证后才可进口。那么李晓华下一步应如何处理？

相关知识

开展进口业务的企业，首先需具备对外贸易经营权。对外贸易经营权实行企业登记备案制，按照WTO的规则，成员国企业登记注册后即享有在国内市场的销售权及进出口的权利，即对外贸经营权普遍采用登记备案制。中国自加入世贸组织以来，已经在不断降低外贸经营权的门槛。例如，在2003年8月1日起就已经提前兑现承诺，将国内企业获得对外贸易经营权的最低注册资本降至100万元人民币，外资占多数股份的合资企业获得完全的对外贸易经营权；而在实行国营贸易的商品中，原油、成品油由非国营贸易公司经营的进口比例在2003年的基础上增加了15%。这标志着在我国从事外贸活动的门槛将降得更低，从事外贸经营的主体会更加多样化。此外，我国在外贸经营者范围的划定上也做出了重大突破。新修订的《对外贸易法》第二章《对外贸易经营者》第八条中规定："本法所称对外贸易经营者，是指依法办理工商登记或者其他执业手续，依照本法和其他有关法律、行政法规的规定从事对外贸易经营活动的法人、其他组织或者个人。"

商务部委托符合条件的地方对外贸易主管部门（以下简称备案登记机关）负责办理本地区对外贸易经营者备案登记手续。

一、对外贸易经营者备案登记的程序

1. 领取“对外贸易经营者备案登记表”（以下简称“登记表”）

对外贸易经营者可以通过商务部政府网站（http：//www. mofcom. gov. cn）下载，或到所在地备案登记机关领取“登记表”。

2. 填写“登记表”

对外贸易经营者应按“登记表”要求认真填写所有事项的信息，并确保所填写内容是完整、准确和真实的；同时认真阅读“登记表”背面的条款，并由企业法定代表人或个体工商负责人签字、盖章。

3. 需向备案登记机关提交的备案登记材料

（1）按要求填写“登记表”。

（2）营业执照复印件。

（3）组织机构代码证书复印件。

（4）对外贸易经营者为外商投资企业的，还应提交外商投资企业批准证书复印件。

（5）依法办理工商登记的个体工商户（独资经营者），需提交合法公证机构出具的财产公证证明；依法办理工商登记的外国（地区）企业，需提交经合法公证机构出具的资金信用证明文件。涉及国家指定商品进口业务的，需事先获得有关政府部门、商会等指定进口商品经营范围的批准。如国家对从事经营原油、成品油、化肥、煤炭、危险品、铁矿砂、汽车、钢材、不锈钢等商品的入门要求较高，企业需要具备更高的条件及特殊批准程序，不能盲目开展进口业务。

二、进口许可证的管理事项

进出口许可证（包括准许证和批准证明）的管理是指由商务部或者会同国务院其他有关部门，依法制定并调整进出口许可证管理目录，以签发进口许可证和其他证明的方式对进出口许可证管理目录中的商品实行的行政许可管理。进口许可证管理的种类包括：进口许可证；自动进口许可证；针对濒危野生动物的公约证明和非公约证明、非物种证明；进口药品的准许证；黄金及其制品的进口准许证；两用物项和技术的进口许可证；进口音像制品的批准证；有毒化学制品和农药的进口登记证明。

进出口许可证的管理事项具体有以下内容。

1. 进口许可证

2007 年实行进口许可证管理的货物仅为消耗臭氧层物质一类。凡属于进口许可证管理的货物，对外贸易经营者应当在进口前按规定向指定的发证机构申领进口许可证，海关凭进口许可证接受申报和验放。进口许可证的有效期为1年，当年有效。进口许可证管理实行“一证一关”原则，指进口许可证只能在一个海关进行报关。一般情况下，进口许可证为“一批一证”，即进口许可证在有效期内一次报关使用。如要实行“非一批一证”，即进口许可证在有效期内可多次报关使用，但最多不超过12次，由海关在许可证背面“海关验放签注栏”内逐批签注并核检进口数量。

2. 自动进口许可证

2007年实行的自动进口许可证商品、机电产品（包括旧机电产品）、重要工业品三个目录的形式分别进行管理。

目录一，包括肉鸡、植物油、煤、铜精矿、对苯二甲酸、烟草、塑料原料、天然橡胶、废纸、二醋酸纤维丝束、废钢、铜、铝。

目录二，包括三个目录，其中由商务部发证的产品共173种，由地方（部门）机电产品进出口办公室发证的产品共460种，由商务部发证的旧机电产品共10种。

目录三，包括铁矿砂、原油、成品油、氧化铝、化肥、钢材、钢坯、铝土矿、天然气。

自动进口许可证有效期为6个月，但仅限公历年度内有效。自动进口许可证项下的货物原则上实行“一批一证”管理，对部分货物也可实行“非一批一证”管理。实行“非一批一证”管理的货物，其自动进口许可证在有效期内可以分批次累计报关使用，但累计使用不得超过6次；海关在自动进口许可证原件的“海关验放签注栏”内批注后，海关留存复印件，最后一次使用后，海关留存正本。同一进口合同项下，收货人可以申请并领取多份自动进口许可证。

海关对溢装数量在货物总量5%以内的散装货物予以免证验放；对于原油、成品油、化肥、钢材四种大宗货物，散装货物溢装数量在货物总量±5%以内的予以免证验放。对于实行“非一批一证”自动进口许可证管理的大宗散装货物，每批货物进口时，按其实际进口数量核扣自动进口许可证的额度数量；最后一批货物进口时，其溢装数量按该自动进口许可证的实际剩余数量并在规定的允许溢装上限内计算。

3. 进口许可证申请表

申请表（正本）需填写清楚并加盖企业公章，所填写内容必须规范。

申领企业的公函或申领人的工作证，代办人员应出示委托单位的委托函。

第一次办理进口许可证的申领单位，应提供商务部或省、市（自治区）外经贸部门出具的企业外贸经营权文件（复印件）。

4. 进口合同、进口商品说明书等

商务部统一管理、指导全国各发证机构的进出口许可证签发工作，商务部配额许可证事务局、商务部驻各地特派员办事处和各省、自治区、直辖市、计划单列市以及商务部授权的其他省会城市商务厅（局）、外经贸委（厅、局）为进出口许可证的发证机构，负责在授权内签发“中华人民共和国进口许可证”。

进口许可证是国家管理货物进出口的凭证，不得买卖、转让、涂改、伪造和变更。凡是进出口许可证管理的货物，除国家另有规定外，对外贸易经营者应当在进口或出口前向指定的发证机构申领进出口许可证，海关凭进出口许可证接受申报和验放。

向商务部及其授权机构申领进出口许可证时需提供以下材料：

（1）进出口经营资格证书。

（2）自动进口许可证申请表。

（3）货物进口合同（正本复印件）。

（4）对进口货物用途或最终用户有特殊规定的，应当提交进口货物用途或者最终用户符合国家规定的证明材料。

（5）针对不同商品在《目录》中列明的应当提交的材料。

（6）商务部规定的其他应提交的材料。

（7）进口经营者公函（介绍信）原件。

（8）进口经营者领证人员的有效身份证明。

进口经营者可以通过网上申领或书面申领两种方式向商务主管部门领取自动进口许可证。

海关对自动进口许可证管理的溢短装数量在货物总量正负5%以内的散装货物予以免证验放。

在领取进口许可证后，因故需要更改进口许可证时，应在有效期内填写进口许可证更改申请表进行申请，申请表连同原许可证第一、二联交原发证机关。因故需要更改进口商、收货单位、商品名称、规格和数量等内容的，需重新申领进口许可证；需要延期的，申领单位应在有效期内提出申请并提供进口合同，发证机关可视情况给予延期；如丢失许可证，应及时向发证机关和该证的报关口岸海关挂失。

任务三　申请开立信用证及填制开证申请书

任务导入

某公司按期在合同规定的开证时间内，通过中国工商银行（Industrial and Commercial Bank of China）及时向国外出口贸易公司开立交易项下的不可撤销跟单信用证。对此，某公司按合同要求应如何填写开证申请，向银行开立信用证。

相关知识

当进出口双方在贸易合同中确立以信用证方式结算后，进口方即可按贸易合同规定向当地银行申请开立信用证，填写开证申请书（IRREVOCABLE DOCUMENTARY CREDIT APPLICATION）。这样，进口商即成为开证申请人，开证申请书是银行开具信用证的依据。银行按照开证申请书开立信用证后，在法律上就与进口商构成了开立信用证的权利与义务的关系，两者之间的契约就是开证申请书。

一、申请开立信用证的程序

申请开立信用证的程序如图6-1所示。

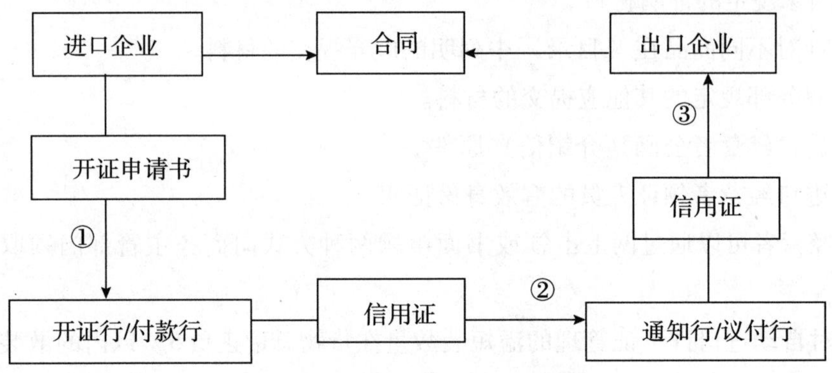

图6-1　申请开立信用证的程序

二、开证申请书的填制

信用证申请书的格式和内容都大致相同，现以中国银行的格式为例，介绍开证申请书填制的内容及方法。

（1）申请开证日期：在申请书右上角。

（2）传递方式：有四种，即信开（航空邮寄）、电开（电报）、快递、简电后随寄电报证实书，需要哪一种方式，在前面方框中打“×”。

（3）信用证性质：不可撤销跟单信用证已印制好，如要增加保兑或可转让等内容，可加上。信用证号码由开证行填写。信用证有效期及到期地点由申请人填写。

（4）申请人：必须填写全称及详细地址，还要注明联系电话、传真等号码，便于有关当事人之间的联系。

（5）受益人：必须填写全称及详细地址，也要注明联系电话、传真等号码，便于联系。

（6）通知行：由开证行填写。

（7）信用证金额：必须用数字和文字两种形式表示，并且要表明币种。信用证金额是开证行付款责任的最高限额，必须根据合同的规定明确表示清楚，如果有一定比率的上下浮动幅度，也应表示清楚。

（8）分批与转运：应根据合同的规定明确表示“允许”或“不允许”，在选择的项目前方框中打“×”。

（9）装运条款：应根据合同规定填写装运地（港）及目的地（港），最晚装运日期，如有转运地（港）也应写清楚。

（10）价格术语：有FOB、CFR、CIF及“其他条件”四个备选项目，根据合同成交的贸易术语在该项前方框中打“×”，如是其他条件，则在该项目后面写明。

（11）付款方式：信用证有效兑付方式有四种选择——即期支付、承兑支付、议付、延期支付，应根据合同规定，在所选方式前的方框中打“×”。

（12）汇票要求：应根据合同的规定，填写信用证项下应支付发票金额的百分之几。另外，还应填写汇票的支付期限。最后是填写付款人，根据《UCP600》的规定，信用证项下汇票的付款人必须是开证行或指定付款行。

（13）单据条款：印制好的单据要求共12条，其中第1条到第11条是针对具体的单据，第12条是“其他单据”，即以上12种单据以外的单据要求，可填在第13条中。有几条可顺序添加几条。

（14）合同项下的货物包括：货物的名称、规格、数量、包装、单价条款、唛头等。所有内容必须与合同规定一样，尤其是单价条款、数量条款不得有误。包装条款如有特殊要求的，如包装规格、包装物的要求等，应具体、明确表示清楚。

（15）附加条款：印制好的有6条，其中第1条至第6条是具体的条款要求，如需要可在前面括号里打“×”，内容不完整的，可根据合同规定和买方的需要填写清楚，第7条是“其他条款”，即以上6条以外还有附加条款的，可填在该条款中，有几条可顺序添加几条。

（16）申请书下面是有关申请人的开户银行（银行名称）、账户号码、执行人、联系电话、申请人（法人代表）签字等内容。

表6－1 开证申请书

IRREVOCABLE DOCUMENTARY CREDIT APPLICATION

TO： 开证行	Date： 申请开证日期
(　　) Issue by airmail　　(　　) With brief advice by teletransmission (　　) Issue by express delivery	Credit No. 不填　（开证行填写）

续 表

<table>
<tr><td colspan="2">(V)(which shall be the operative instrument)</td><td>Date and place of expiry 信用证有效期和到期地点(受益人所在国)</td></tr>
<tr><td colspan="2">Applicant
开证申请人</td><td>Beneficiary (Full name and address)
受益人</td></tr>
<tr><td colspan="2">Advising Bank
通知行(议付行;卖方所在地银行)</td><td>Amount
金额小写(大写)</td></tr>
<tr><td>Partial shipments 分批规定
() allowed () not allowed</td><td>Transshipment 转船规定
() allowed () not allowed</td><td>Credit available with
议付行
By</td></tr>
<tr><td colspan="2">Loading on board/dispatch/taking in charge at/from
装运港
not later than 最迟装运期
For transportation to: 目的港</td><td>() payment () acceptance 承兑 (v) negotiation
against the documents detailed herein
☒and beneficiary's draft (s) for 100% of invoice value</td></tr>
<tr><td colspan="2">( ) FOB ( ) CFR ( ) CIF
or other terms</td><td>At sight
drawn on 开证行</td></tr>
</table>

Documents required: (marked with X)

1. (×) Signed commercial invoice in 13 copies

2. (×) Full set of clean on board Bills of Lading made out to order and blank endorsed, marked "freight to collect/ [ ] prepaid [ ] showing freight amount" FOB 运费到付

CFR CIF 运费预付

notifying APPLICANT.

( ) Airway bills/cargo receipt/copy of railway bills issued by showing "freight [ ] to collect/ [ ] prepaid [ ] indicating freight amount" and consigned to ____________.

3. (×) Insurance Policy/Certificate in 3 copies for 110% of the invoice value showing claims payable in 赔付地点(买方所在地) in currency

FOB:买方租船订舱、买方投保

CFR:卖方租船订舱、买方投保

CIF:卖方租船订舱、卖方投保

of the draft, blank endorsed, covering All Risks, War Risks and

4. (×) Packing List/Weight Memo in - MONTREAL 3 copies

5. ( ) Certificate of Quantity/Weight in ______ copies issued by ____________.

6. ( ) Certificate of Quality in ______ copies issued by [ ] manufacturer/ [ ] public recognized surveyor ____________.

7. (×) Certificate of Origin in 2 copies.

8. (×) Beneficiary's certified copy of fax 装船通知/telex dispatched to the applicant within

续 表

___2___ days after shipment advising L/C No. , nameof vessel, date of shipment, name, quantity, weight and value of goods. Other documents, if any 其他单据 EXPORT LICENCE Certificate of Origin FORM A Description of goods: 货描 QUANTITY 数量 PRICE TERM: Additional instructions: 1. (×) All banking charges outside the opening bank are for beneficiary's account. 2. (×) Documents must be presented within ___21___ days after date of issuance of the transport documents but within the validity of this credit. 3. (×) Third party as shipper is not acceptable, Short Form/Blank back B/L is not acceptable. 4. (　) Both quantity and credit amount ____% more or less are allowed. 5. (×) All documents must be sent to issuing bank by courier/speed post inTWO lots. (×) Other terms, if any ALL DOCUMENTS MUST ADVISE L/C NO. AND DATE 不符点

任务四　进口审单与对外付汇

任务导入

某公司作为进口方，与国外客户签订以信用证方式结算的合同后，卖方备货出运，提交单据，单据通过银行转给某公司，某公司交给跟单员李晓华处理此事。试分析李晓华在什么情况下必须对外付汇？

相关知识

一、审单与付汇的内涵

审单付款是指银行收到国外寄来的汇票及单据后，对照信用证的规定，审查、核对单据的份数和内容，在审核无误后，对外进行付款或承兑的行为。

在进口业务中，如采用托收和汇款方式，由进口方负责对货物单据进行全面审核；如用信用证方式，则由开证行和进口方共同对货物单据进行审核。在单据符合信用证及合同规定的条件下，开证行及进口方履行付款义务。

在信用证方式下，审核进口单据的工作是银行的职责，开证行审核单据无误后，就应当直接对外办理付款，而不需事先征得开证申请人的同意，但在我国进口业务中，开证行为了减少和避免日后发生的纠纷，审核进口单据的工作是由银行和进口企业共同完成的。

二、信用证方式下审核要点

开证行和进口方都对全套单据进行审核，银企双方应密切配合。主要单据审核要点如下。

1. 汇票

（1）信用证名下汇票，应加列出票条款（Drawn Clause），说明开证行、信用证号码及开证日期。

（2）金额应与信用证规定相符，一般应为发票金额。如单据内含有佣金或货款部分托收，则按信用证规定的发票金额的百分比开列。金额的大小写应一致。

（3）汇票付款人应为开证行或指定的付款行。若信用证未规定，应为开证行，不应以申请人为付款人。

（4）出票人应为信用证受益人，通常为出口商，收款人通常为议付银行。

（5）付款期限应与信用证规定相符。

（6）出票日期必须在信用证有效期内，且不应早于发票日期。

2. 提单

（1）提单必须按信用证规定的份数全套提交，如信用证未规定份数，则一份也可算全套。

（2）提单应注明承运人名称，并经承运人或其代理人签名或船长或其代理人签名。

（3）除非信用证特别规定，提单应为清洁已装船提单。若为备运提单，则必须加上装船注记（Shipped on Board），并由船方签署。

（4）以 CFR 或 CIF 方式成交，提单上应注明运费已付（Freight Prepaid）。

（5）提单的日期不得迟于信用证所规定的最迟装运日期。

（6）提单上所载件数、唛头、数量、船名等应和发票项目一致，货物描述可用总称，但不得与发票货名相抵触。

3. 商业发票

（1）发票由受益人出具。

（2）发票抬头人是申请人。

（3）不要“形式发票”或“临时发票”。

（4）货物描述与信用证描述相符。

（5）不要有多余的描述。

（6）对货物的描述不要用“用过的”“旧的”“重新改造的”“修整的”等词语。

（7）确保发票上包括信用证所提及的细节。

（8）货物描述等资料同其他单据一致。

（9）货币选择与信用证一致。

（10）发票面值与汇票一致。

（11）发票金额不超过信用证可使用的金额。

（12）若不可分批装运，发票应包括整批货值。

（13）确保按照信用证规定，发票已被签字、证实、合法化等。

（14）确保装运、包装、重量、运费或其他资料与其他单据相符。

4. 保险单

（1）所交保险单据是信用证所要求的。

（2）提交的是全套保险单据。

（3）保险单据的签发人是保险公司，保险商或其他代理人。

（4）保险单据的签发应早于提单签发的日期。

（5）保险金额要符合信用证要求或符合跟单信用证统一惯例的规定。

（6）一般情况下，保险单据所使用的货币应与信用证所用货币相同。

（7）对货物的描述与发票一致。

（8）承保的商品是从指定装载港口或接受监管点到卸货港口或交货点。

（9）所投保的险别是信用证指定的。

（10）运输标志与运输单据相符。

5. 产地证

（1）应由信用证指定机构签署。

（2）货物名称、品质、数量及价格等有关商品的记载应与发票一致。

（3）签发日期不迟于装船日期。

6. 检验证书

（1）应由信用证指定机构签发。

（2）检验项目及内容应符合信用证的要求，检验结果如有瑕疵者，可拒绝受理。

（3）检验日期不得迟于装运日期，但也不得距装运日期过早。

三、对外付汇的备案登记

进口企业在开展进口业务之前，应到当地外汇管理局办理“对外付汇进口单位名录”备案登记。没有被列入名录中的进口单位不得直接到商业银行办理进口付汇。办理备案登记时，应向外管局提交外贸经营权审批件、企业营业执照、企业组织代码证书以及外管局认为需要提供的其他证明资料。

四、对外付汇

进口商应当按照规定如实填写“贸易进口付汇核销单”（一式三联），并将信用证项下付汇的核销单、付汇单据一起交开证行对外付汇；属于货到汇款的还应当填写有关“进口货物报关单”编号和报关币种金额，将核销单、IC 卡连同其他付汇单证一并送外汇指定银行审核，审核无误后付汇银行对外付汇。外汇指定银行审核进口商提供的各种单据内容相符无误后，填写核销单下方的内容，并加盖印章，将第二联退还进口商。

1. 即期信用证付汇

当进口合同规定采用不可撤销即期信用证进行支付时，进口商需要求通知行向进口商明确提示单据经检查内容无误，并接受单据，之后进口商才可按付款期限对外付款。对外付款应填好购汇申请书、付汇核销单、单据承付（承兑）通知书、进口许可证明等，经有权签字人签字，加盖公章或财务专用章，提前通知财务付款时间并准备资金，对开证行作出承付。

2. 远期信用证付汇

根据信用证有关规定，进口商需要在付款日期前将货款存入银行指定的账户，以备对外付款。进口商必须落实好远期付款资金，防止在对外付款时出现问题。

3. 采用托收方式结算货款

银行要求进口商接受单据的同时，在《托收付款通知书》上签字、盖章，通过银行对外支付货款。D/P 或 D/A 则是进口商在收到单据后对银行做出承付或承兑。

4. 电汇方式支付货款

（1）前 T/T 或部分前 T/T。可持合同、购汇申请书、付汇核销单、形式发票等，到银行办理对外支付手续；在货到后，凭报关单、商业发票等到外管局办理核销。

（2）后 T/T。可持报关单、对外订货合同、发票、提单、购汇申请书、付汇核销单等，对外支付。

五、审单付汇赎单的单证

信用证业务中的结汇单证主要是指为解决货币收付而使用的单据、证明或文件，也包括因进口涉及的运输、保险、商检、报关等单证。进口商申请开立信用证，出口商在装运出口后，制作一整套与信用证相符的单证交议付行议付，议付行审单议付并寄送开证行。在一般情况下，开证行付款时要审核以下单据，如发现单据表面有不符点，则联系进口商并询问是否赎单。

（1）商业单据，如商业发票、包装单据（如装箱单/重量单、砝码单、包装说明等）。

（2）货运单据，如海运提单、多式联运提单、不可转让海运提单、租船合约提单等。

（3）资金单据，如汇票等。

（4）官方单据，如产地证书、检验检疫证书、熏蒸证明、质量检验证书等。

（5）随附单据，如寄单证明、装运通知、船公司证明、厂商质量证明等。

（6）保险单据，如保险单、保险证明等。

【案例2】填写进口付汇核销单

我国进口商 TTT CO.，LTD. 与巴基斯坦的 RRR MOTOR INDUSTRIAL CO.，LTD. 签订以下合同。

进口报关单的相关信息

报关单号码：022129688

单位代码：609131××03

报关日期：2013 年 6 月 22 日

征免性质：进料加工

汇出银行：中国农业银行浙江省分行

汇入银行：汇丰银行卡拉奇分行

RRR MOTOR INDUSTRIAL CO.，LTD. 在汇丰银行卡拉奇分行的账号：8978877889 + +

商业发票号码：RRR980

TTT CO.，LTD. 在中国农业银行浙江省分行的账号：14080100254 + +

B/L 日期：2013 年 6 月 9 日

交易编码：0106

根据以上资料，填写付汇核销单（见表 6 - 2），交开证银行对外付款。

表 6 – 2　　　　　　　　　　**贸易进口付汇核销单（代申报单）**

印单局代码：330000　　　　　　　　　　　　　　　　　　核销单编号：01926666

单位代码 609131 × ×03	单位名称 杭州 TTT 有限公司	所在地外汇管理局名称 国家外汇管理局浙江省分局
付汇银行名称 中国农业银行浙江省分行	收汇人国别 巴基斯坦	交易编码 0106
收款人是否在保税区 是□　　否☑	交易附言：一般贸易	

对外付汇币种 USD　　　　对外付汇金额 64260.00
其中：购汇金额　　　　现汇金额 USD64260.00　　　　其他方式金额
　　　人民币账号　　　　外汇账号 14080100254 + +

付汇性质

☑正常付汇
□不在名录　　□90 天以上信用证　　□90 天以上托收　　□异地付汇
□90 天以上到货　　□转口贸易　　□境外工程使用物资　　□真实性审查
备案表编号

预计到货日期 13/10/18	进口批件号 1055555	合同/发票号 RRR980

结算方式

信用证 期限　天	90 天以内□	90 天以上□	承兑日期　/　/	付汇日期　/　/
托收 期限　天	90 天以内□	90 天以上□	承兑日期　/　/	付汇日期　/　/

汇款：
预付货款□　　　　货到付款（凭报关单付汇）□　　付汇日期　/

报关单号	报关日期　/　/	报关单币种	金额
报关单号 022129688	报关日期 13/6/22	报关单币种 USD	金额 64260.00
报关单号	报关日期　/　/	报关单币种	金额
报关单号	报关日期　/　/	报关单币种	金额
报关单号	报关日期　/　/	报关单币种	金额

（若报关单填写不完，要另附纸）

其他　□　　　　　　付汇日期　/　/

以下由付汇银行填写
申报号码：□□□□□□□　□□□□　□□　□□□□□□□□□□□□
业务编号：　　　　核审日期　/　/　　　　（付汇银行签章）

进口单位签章：杭州 TTT 有限公司

根据《进口付汇核销监管暂行办法》的规定，进口商“应当在有关货物进口报关后一个月内向外管局办理核销报审手续”。进口商在办理到货报审手续时，一般要提供下列单据：

（1）进口付汇核销单。

（2）付汇备案表。

（3）货物报关单正本。

（4）付汇到货核销表。

（5）付汇水单及收账通知单。

（6）外汇管理机构要求提供的其他凭证、文件。

任务五 货物检验与索赔

任务导入

李晓华所在公司向国外一新客户订购一批初级产品，按CFR中国某港口，即期信用证付款条件达成交易。合同规定由卖方以程租船方式将货物运交我方。我开证银行也凭外议付行提交的符合信用证规定的单据付了款，但装运船只一直未到达目的港。后经多方查询，发现承运人原是一家小公司，而且在船舶起航后不久已宣告倒闭，承运船舶是一条旧船，船、货均告失踪，此系卖方与船方互相勾结进行诈骗，导致我方蒙受重大损失。试分析，我方应从中吸取哪些教训？

相关知识

一、进口货物入库、出库

进口货物入库后，跟单员要定期到仓库查库，以确保货物存放完好。对于进口货物的入库提货，要求款到发货。买方一次性付款，一次性提货；买方部分付款，部分提货；保证可抵作最后一笔货款。每笔提货数量由跟单员提出，财务人员审核资金收妥情况，进行签字确认，经过经理签字后同意发货，跟单员方可开出出库提单，通知仓库及提货人。

二、进口外汇核销

要求进口企业在规定的时间内（货物进口报关后一个月内）携带进口单据到外管局办理外汇核销手续，杜绝任何形式的套汇、逃汇、骗汇等违法犯罪行为。

1. 进口付汇核销制度

通过外管局对外汇指定银行和进口企业的对外付汇实行逐笔审核，要求进口企业严格按照正常进口贸易活动的外汇需要来使用外汇，杜绝各种形式的套汇、逃汇、骗汇等违法犯罪行为。

2. 进口外汇核销的时间要求

进口商应当在有关货物进口报关后一个月内，向外管局办理核销报审手续。跟单员报关结束后，应要求报关公司尽早提供报关单，与付汇后银行退回的进口付汇核销单配送外管局核销。

3. 办理进口外汇核销手续的文件

（1）进口付汇核销单（银行退回的第二联）。

（2）进口付汇备案表。

（3）进口货物报关单正本。

（4）进口付汇到货核销表（一式两份，加盖公司章）。

（5）结汇水单及收账通知单。

（6）外管局要求提供的其他凭证、文件。

上述单据内容必须真实、完整、清晰、准确。

4. 办理进口外汇核销的报审业务程序

（1）进口商备齐上述单据，一并交外管局进口核销人员初审。对于未通过审核的单据，跟单员应了解不能报审的原因。

（2）外管局复核无误，将进口商报审的全部单据留存。

（3）外管局检查部门检查进口商各项进口付汇业务内容无误后，为进口商办理核销手续，允许进口商继续进行进口付汇业务。若进口商对外付汇的内容违反有关规定，外管局将采取相关措施对进口商的进口付汇情况进行专项管理。

（4）跟单员需了解核销工作的细节，要仔细查看外管局的有关规定。

三、进口货物出险、发生质量争议的索赔、理赔

进口货物发生了损失，除属于承运人及保险公司的赔偿责任外，如属卖方必须直接承担的职责，应直接向卖方要求赔偿，防止卖方制造借口向其他方面推卸理赔责任。在卖方同意赔偿前，进口方需保持货物的原状并做好妥善保管，如果买方不能按照实际收到的货物的原状归还货物，就丧失了宣告合同无效或要求卖方交付替代货物的权利。目前，我们的进口索赔工作，属于承运人和保险公司责任的由外运公司代办；属于卖方责任的由进出口公司直接办理。为了做好索赔工作，要求进出口公司、外运公司、订货部门及商检局等各有关单位密切协作，要做到检验结果正确，证据属实，理

由充实，赔偿责任明确，并要及时向有关方面提出，力争把货物所受到的损失如数取得补偿。

1. 索赔依据

索赔时应提交索赔清单和有关单据（如商业发票、清洁提单、装箱单/重量单等）。在向出口商索赔时，应提交商检机构出具的检验证书；向承运人索赔时，应提交由船长及港务局理货员签证的理货报告和货损货差证明；向保险公司索赔时，除上述各项证明外，还附加由保险公司与买方提供的联合检验报告等。

2. 索赔金额

索赔时应合理计算索赔金额，索赔金额应包含货物的价值及为了弥补（处理）损失而支出的各项费用（如检验费、仓租、利息等）。除受损商品的价值外，有关的费用如商品检验费、装卸费、银行手续费、仓租、利息等都可包括在索赔金额内。至于包括哪几项，应根据具体情况确定。

3. 索赔对象

索赔时应明确责任，向责任人索赔。进口商经常因货物的品质、数量、包装等不符合合同的规定，而需向有关方面提出索赔。根据造成损失原因的不同，进口索赔的对象主要有三个方面：

（1）向卖方索赔。当卖方没有按时、按质、按量交货，即凡属下列情况者，均可向卖方索赔。例如，原装数量不足；货物的品质、规格与合同规定不符；包装不良致使货物受损；未按期交货或拒不交货等。

（2）向承运人索赔。凡属下列情况者，均可向承运人索赔。例如，原装数量少于提单所载数量；提单是清洁提单，而货物有残缺情况，且属于船方过失所致；货物所受的损失，根据租船合约有关条款应由船方负责等。

（3）向保险公司索赔。凡属下列情况者，均可向保险公司索赔。例如，由于自然灾害、意外事故或运输中其他事故的发生致使货物受损，并且属于承保险别范围以内的；凡轮船公司不予赔偿或赔偿金额不足以抵补损失的部分，并且属于承保范围内的损失。

4. 索赔期限

向出口商索赔必须在合同规定的索赔有效期限内提出，过期无效。如果是商检工作可能需要更长的时间，可向对方要求延长索赔期限。按《公约》规定，买方行使索赔权利的期限自其收到货物之日起不超过两年；向船公司索赔期限为货物到达目的港交货后一年之内；向保险公司提出海运货损索赔的期限，则为被保险货物在卸载港全部卸离海轮后两年内。

巩固提升

一、单项选择题

1. （　　）设立进出口商品检验部门（以下简称国家商检部门），主管全国进出口商品检验工作。国家商检部门设在各地的进出口商品检验机构（以下简称商检机构）管理所管辖地区的进出口商品检验工作。

A. 商务部　　B. 国务院　　C. 农业部　　D. 卫生部

2. 必须经商检机构检验的出口商品的发货人，应当在（　　）规定的地点和期限内，向商检机构报检。

A. 对外贸易合同　B. 收货人　　C. 承运人　　D. 商检机构

3. 报检单位应在（　　）检验检疫机构办理备案登记手续。

A. 报检地　　B. 报关地　　C. 工商注册地　　D. ABC 都可以

4. 代理报检单位在办理代理报检业务时，应交验委托人的《报检委托书》并（　　）。

A. 加盖委托人的公章　　B. 加盖代理报检单位的公章

C. 加盖双方公章　　D. 无须加盖公章

5. 商检机构依据《商检法》的有关规定，对非法定检验的进出口商品可以实施（　　）。

A. 强制检验　　B. 抽查检验　　C. 随机检验　　D. 定期检验

二、不定项选择题

1. 来料加工和进料加工的合同备案登记需要的单证包括（　　）。

A. 批件　　B. 工商营业执照、税务登记证

C.《登记手册》　　D. 合同副本

2. 关于进口货物抽样规定，以下说法正确的有（　　）。

A. 进口合同中规定抽样方法的入境货物，按合同规定的标准或方法抽取

B. 合同没规定抽样方法的入境货物，按有关标准进行抽样

C. 所抽取的样品必须具有代表性、准确性、科学性

D. 抽取后的样品必须及时封识送检，以免发生意外并及时填写现场记录

3. 国家指定进口经营的商品进口需要办理专门的经营许可审批，没有获得批准的企业不得从事这类商品的进口。涉及国家指定进口经营的商品包括（　　）。

A. 原油、成品油、化肥、煤炭、铁矿砂、汽车等

B. 原油、食用油、粮食、危险品、高档电器等

C. 原油、成品油、煤炭、铁矿砂、水泥、纸浆等

D. 棉花、粮食、煤炭、原油、成品油、食用油等

4. 资信调查的内容包括（　　）。

A. 客户公司成立年份、经营性质、注册资本、股权结构

B. 经营业绩、经营商品、银行信用、支付能力

C. 员工人数、负责人、联系人、联系方式

D. 是否有网站

5. 进出口许可证制度是一种管制进出口贸易的手段，就其职能和实施范围来说（　　）。

A. 它只能限制进出口商品的数量

B. 它只能限制进出口商品的质量

C. 它既能限制进出口商品的数量，又能限制进出口商品的质量

D. 它既能限制进出口商品的数量，又能限制商品的价格、市场等方面

三、判断题

1. 进境流向报检和一般进口报检是同一个概念。（　　）

2. 有权经营进出口业务的企业向海关申请并办理了报关注册登记手续后才能获得报关权。（　　）

3. 申报前看货取样是进口商的权利，在任何情况下进口商都可以在申报前看货取样。（　　）

4. 进口货物的报关期限为运输工具申报进境之日起 14 天内。（　　）

5. 对于进出口大宗散货、危险品、鲜活商品、落驳运输货物，收发货人或其代理人可向海关申请综合装卸环节在作业现场予以查验放行，但必须在申报时提供担保。（　　）

6. 海关事务担保期限在一般情况下不得超过 20 天。（　　）

7. 进口商应当在有关货物进口报关后一个月内向外管局办理核销报审手续。（　　）

8. 资信调查的渠道包括：客户自我介绍、网上搜寻查证、调查公司、中国驻当地商务处函电咨询、通过中国银行等机构进行资信调查。（　　）

9. 在得知客户发生经营异动或经营纠纷等情况后，跟单员应及时向进口业务经理及公司领导报告，暂停或放缓业务。（　　）

10. 对于有迹象表明客户将申请破产倒闭的，应立即停止业务，并迅速采取有效

措施。 （ ）

11. 对于需要进口许可证的商品，必须在进口前向商务部或各省、市（自治区）海关办理进口许可证等批件。 （ ）

12. 我国进口企业在订立进口合同时常用书面形式、口头形式和行为形式。 （ ）

13. 任何有外贸经营权的进出口单位都可直接到商业银行办理进口付汇。 （ ）

参 考 文 献

［1］吴薇．外贸跟单实务［M］．大连：大连理工大学出版社，2013.

［2］李广松．服装跟单实务［M］．北京：化学工业出版社，2011.

［3］童宏祥．外贸跟单实务［M］．上海：上海财经大学出版社，2008.

［4］考试办公室．外贸跟单理论与实务［M］．北京：中国商务出版社，2014.

［5］张海荣．外贸跟单实务［M］．杭州：浙江大学出版社，2010.